Scratch 3.0
程式設計好好玩

入門必備

Scratch 3.0
程式設計好好玩

Computer Coding Projects for Kids: A unique step-by-step visual guide, from binary code to building games

初學者感到安心的步驟式教學，培養邏輯思維，
算數、遊戲、畫圖、配樂全都辦得到，英國DK出版社最新全球版

入門必備

凱蘿·沃德曼（Carol Vorderman）等 著

黃鐘瑩 譯

作 者

凱蘿·沃德曼 (Carol Vorderman)

英國廣受歡迎的電視節目主持人,以優秀的數理能力聞名。畢業於劍橋大學工程學系,熱衷推廣科技教育,也熱愛程式設計。她曾主持許多以科技為主題的電視節目,例如《Tomorrow's World》、《How 2》等,並共同主持英國電視臺Channel 4的長壽節目《Countdown》長達二十六年,著有多本教孩子如何學習數理知識的科普書籍,包括《孩子的學習方法書》等。

喬恩·伍德考克 (Jon Woodcock)

牛津大學物理學學士、倫敦大學計算天文物理學博士。他從八歲開始寫程式,從單晶片微控器到世界級超級電腦,所有電腦型態都很熟悉。他參與的專案包括巨型太空模擬器、高科技公司的研究,以及用垃圾製成的智能機器人等。熱衷於科技教育,時常舉辦演講、在學校指導程式設計俱樂部。著有許多科學與科技的書籍,包括《星際大戰迷的程式設計書》等。

克雷格·斯蒂爾 (Craig Steele)

計算機科學的專家,幫助人們在有趣和有創造性的環境中發展數位技能。他是蘇格蘭CoderDojo的創辦人,這是一個提供年輕人學習程式的俱樂部。他曾與許多單位合辦數位工作坊,例如樹莓派基金會、格拉斯哥科學中心、格拉斯哥藝術學校、英國電影學院獎、BBC Micro:bit等。他的第一台電腦是ZX Spectrum (八位元個人電腦)。

譯 者

黃鐘瑩（Joannie Huang）

擁有資訊科學背景，曾於國內外新創公司擔任專案管理職，擅長用
程式思維做組織內溝通。喜歡參與國內外技術社群並參加國內外技
術展覽，例如香港Rise、新加坡Tech in Asia、美國Google I/O等。
曾服務於樂學科技coding for fun教學組，擔任Scratch、Python老師
與教材開發，於宜蘭礁溪國中擔任電腦資訊代課老師。目前協助
Women Who Code Taipei進行程式教育課程推廣，並自己開班
授課。也在Thunkable製作跨平台手機應用程式的新創，擔任使用
者顧問，協助解決使用者問題。

目 次

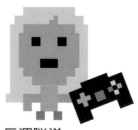

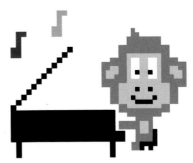

前　言

　　近年來，程式的討論度已非常火紅。全世界有許多學校將程式加入課程中，並廣設程式俱樂部來教導初學者。也有許多大人認為程式是現今職場的重要技能，進而回到學校進修。在世界各地的家中，還有數百萬人為了興趣自學寫程式。

　　很幸運的，現在就是學習程式的最好時機。過去，工程師必須用艱澀的指令和數學符號，一行行的敲出程式碼，一個小細節出錯就可能毀掉整個程式。然而現在你可以拖拉組裝程式語言，幾分鐘內就能完成驚人且強大的程式，例如本書介紹的程式語言Scratch™就能如此。

　　當學習程式變得愈來愈容易，有更多人發現了電腦的創造潛力，也因此促成了本書的誕生。《Scratch3.0 程式設計好好玩》教導讀者如何使用程式來進行創作，例如美術、音樂、動畫和特效等。無論是閃亮的煙火秀，還是搭配音樂和漩渦，如萬花筒般的創作，只需用上一點想像力，你就能製造出令人讚賞的結果。

若你完全是個初學者也別擔心，本書的第一章和第二章會引領你從基礎開始，教會你使用Scratch所需的所有知識。後續的章節則會開始磨練你的技巧，告訴你如何創造互動美術作品、模擬大自然的事物、製作奇幻的視覺錯覺圖和一些好玩的遊戲。

　　學習新事物有時讓人感到很困難，但相信只要感覺到其中的樂趣，就會學得更快。這本書就是從這個想法出發，所以我們盡可能的讓它充滿趣味。希望你能享受與本書一同建立專案的過程，就像我們撰寫時一樣開心！

凱蘿・沃德曼

各就各位，
預備，寫程式囉！

什麼是
寫程式？

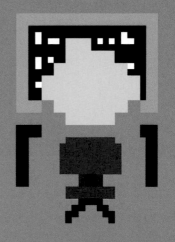

具有創造力的電腦

電腦隨處可見，使用在許多意想不到的地方。但如果想真正享受電腦的樂趣，你必須掌控它並學習如何寫程式。透過程式，世界將變得觸手可及。

像電腦般思考

寫程式或編程，簡單來說就是告訴電腦要做什麼。為了寫程式，你必須讓自己像電腦一樣思考，也就是將一項任務拆解成一連串簡單的步驟。

▷ **簡易食譜**

想像你請朋友烤一個蛋糕，但他並不知道做法。你不能只告訴他「做個蛋糕」，他會不知道該從何開始。你必須寫下食譜，列出簡單的步驟，像是「打一顆蛋」、「加點糖」等等。寫程式就像是寫食譜。

◁ **逐步進行**

現在想像你要透過程式來創造一幅畫，就像左圖一樣，有五顏六色的圓圈，每個圓圈在隨機的位置重疊。你需要做的是把畫畫變成一份食譜，列出步驟讓電腦去執行。它看起來會像是：

食 譜

材料
1. 十個不同大小的圓
2. 七種顏色

步驟
1. 清除螢幕，將背景設為白色。
2. 重複以下動作十次：
   a) 在螢幕上隨機選個位置。
   b) 隨機選一個圓。
   c) 隨機選一個顏色。
   d) 在剛才選的位置，畫上所選的圓和顏色。

▷ 電腦程式語言

雖然你可以看懂畫畫或蛋糕的食譜，但電腦可看不懂。你需要將步驟翻譯成電腦可理解的特殊語言，這樣的語言稱為「程式語言」。本書使用的程式語言是「Scratch」。

充滿想像力的世界

世界上幾乎所有的創新領域都和電腦有關。在本書中，你會學到能激發想像力的專案，讓你有創意的思考，寫下好玩的程式。

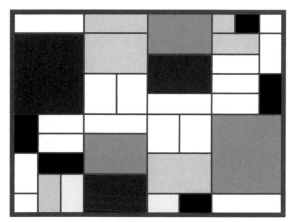

運用程式創作出原創藝術。

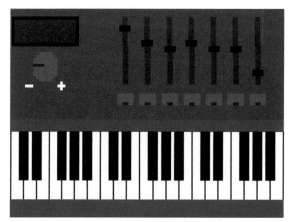

音樂程式可以用各種方式混合音樂和不同音效。

創作遊戲程式就像玩電腦遊戲一樣有趣，最好玩的是所有規則都由你決定。

電影裡，特效和聲光效果十足的場景往往是使用繪圖與配樂程式產生。

認識程式語言

用正確的語言告訴電腦該做什麼，這個語言就是「程式語言」。程式語言有非常多種類，像本書介紹給初學者的Scratch，簡單且容易上手；也有比較複雜的種類，需要累積幾年經驗才能學會。把一連串的指令用程式語言寫出來，就是「程式」。

常用的程式語言

目前世界上有超過五百種程式語言，但是大部分的程式是由少數幾種程式語言寫成的。最常用的程式語言是由英文字組成，每行程式碼看起來卻和英文句子十分不同。以下是利用現在常用的幾種程式語言，讓電腦在螢幕上說「哈囉！」的方法。

▷ C

C 語言是現今常使用的程式語言，能在電腦硬體上直接運作，例如微軟作業系統（Windows OS）。C 語言很適合寫需要快速執行的軟體，人們也用它來寫太空探測器的程式。

```
#include <stdio.h>
main(){printf("哈囉！");}
```

▷ C++

這個程式語言比較複雜，主要用來寫大型商業程式，像是文字處理器、網頁瀏覽器和作業系統。C++ 語言源自於 C 語言，但多了其他更適合用在大型程式專案的特性。

```
#include <iostream>
int main()
{
    std::cout <<"哈囉！"<<std::endl;
}
```

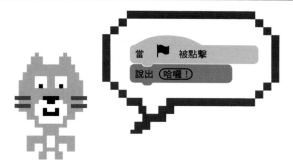

△ Scratch

初學者常從簡單的程式語言入門，像是 Scratch。你不用打出程式碼，而是用已經建立的程式積木來組成指令。

△ Python

Python 是非常熱門的程式語言，能做很多應用。它的每行程式碼都比其他程式語言短且簡單，因此更容易學習。學會 Scratch 後，很適合學習 Python。

△ JavaScript

工程師常用 JavaScript 建立網頁互動功能，像是廣告推銷程式和網頁遊戲等。

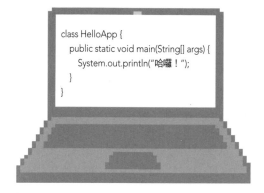

```
class HelloApp {
    public static void main(String[] args) {
        System.out.println("哈囉！");
    }
}
```

△ Java

Java 是能在不同裝置上運作的程式語言，從手機、筆記型電腦，到遊戲機、超級電腦等都能運作。知名遊戲「當個創世神（Minecraft）」就是用Java寫的。

•• 內行話

程式術語

Algorithm（演算法）
一連串的指令集，用來解決特定的問題。電腦程式就是以演算法為基礎。

Bug（臭蟲）
意指程式錯誤。Bug是「昆蟲」的英文。因為曾有昆蟲卡在電腦的電路板上造成故障，所以程式錯誤被稱為「Bug」。

Code（程式碼）
用程式語言所寫出的電腦指令就稱為程式碼。編程(Coding)就是指「寫程式」。

認識Scratch

這本書會告訴你如何用Scratch來創作很多超酷的專案。在Scratch裡，拖拉和拼接已設計好的程式積木，就能產生程式。你可以透過程式來控制五顏六色的人物，稱為「角色」。

角色

角色是指在螢幕上呈現的物件。Scratch具備大量的角色，例如大象、香蕉和氣球，但你也可以自己畫角色。角色可以執行許多動作，像是移動、改變顏色和轉圈。

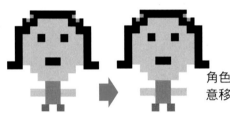

角色可以隨意移動。

角色可以播放音效和音樂。

我是個角色！

角色可以在螢幕上傳遞訊息。

程式積木

Scratch有許多不同顏色的程式積木，用來對角色下指令，告訴它們該做什麼。每個角色會在一堆程式積木中得到自己的指令。每個指令積木的執行都是由上至下。這裡呈現的是控制吸血鬼角色的簡單程式。

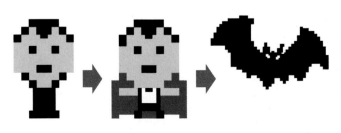

▽ 創造程式積木

使用滑鼠拖拉程式積木，讓積木像拼圖一樣拼接起來。程式積木以顏色區分成不同類別，方便你找到對的積木。例如所有紫色的積木都是用來控制角色的外觀和造型。

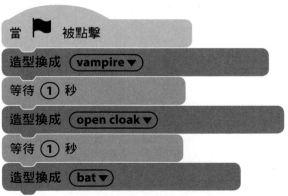

當 ▶ 被點擊
造型換成 (vampire ▼)
等待 (1) 秒
造型換成 (open cloak ▼)
等待 (1) 秒
造型換成 (bat ▼)

典型的Scratch專案

一個Scratch專案是由許多角色、程式積木和音效所組成，這些物件會共同運作，在螢幕上呈現動作。呈現物件動作的區域稱為「舞台」。你可以為舞台增添圖片，作為舞台的「背景」。

這個圖示可將舞台切換成全螢幕模式。

▷ 綠旗是執行！

開始或「執行」程式是讓你寫的程式碼開始運作。在 Scratch 裡，點擊綠旗會執行專案內的所有程式積木。而紅色按鈕則是停止所有程式碼，這樣你就能繼續完成你的程式。

執行程式　　　　停止程式

舞台和燈光皆是背景（圖片）的一部分。

跳舞的恐龍和芭蕾舞者都是角色，受到他們自己的程式積木控制。

▽ 程式積木同時進行

一個專案通常會有多個角色，每個角色都會有一個或多個程式積木，每個程式積木只負責一部分的動作。以下這串程式碼會讓角色在舞台上追著滑鼠游標移動。

「重複無限次」積木會讓包在裡面的積木不斷重複執行。

當 🚩 被點擊

重複無限次

　面朝（鼠標▼）向

　移動（15）點

　專家技巧

解析Scratch

Scratch軟體的設計十分直覺易懂。每個程式積木執行的動作都已寫在積木上，所以你只要讀懂積木上的字，就能理解這個程式碼的功能。

定位到（鼠標▼）位置

猜猜看，這個積木可以讓角色做什麼？

取得Scratch 3.0

在動手實作本書的專案之前，你必須在電腦上取得Scratch 3.0軟體。跟著以下步驟就能完成。

這本書使用
Scratch 3.0！

線上版與離線版Scratch

若你的電腦能一直連上網路，可以使用線上版本；若無法，你需要下載和安裝離線版本。

線上版	離線版
進入Scratch網站 **http://scratch.mit.edu**，點選「加入Scratch」，建立一組帳號和密碼。申請時需要提供電子郵件信箱。	至Scratch網站 **http:// scratch.mit.edu/download/** 跟著網頁上的步驟，下載和安裝 Scratch 到你的電腦。

線上版	離線版
線上版Scratch是在網頁瀏覽器執行，所以你只需要進入Scratch網站，點選上方的「創造」按鈕，Scratch的介面就會打開。	安裝成功後，Scratch 圖示會出現在你的電腦桌面。雙擊 Scratch 圖示，就可以打開 Scratch。

線上版	離線版
使用線上版時，不需要擔心作品遺失，因為線上版會自動儲存你的專案。	你必須點選檔案選單的「儲存」，才能儲存專案。Scratch會詢問你要儲存在電腦的哪個資料夾，儲存之前請先與電腦擁有者確認權限。

線上版	離線版
線上版Scratch可以在Windows、Mac和Linux系統上執行。也可以在平板上操作。	離線版Scratch能在Windows和macOS系統上正常使用。

Scratch的版本

本書的專案需要使用Scratch 3.0版本，在舊版本上無法良好運作。若你已經在電腦上安裝了Scratch，但不確定版本，你可以參考下方的圖片來查看。

▽ **Scratch 2.0**

舊版本的舞台區是在視窗的左邊。你需要安裝的版本是 Scratch 3.0。

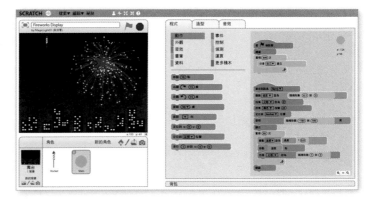

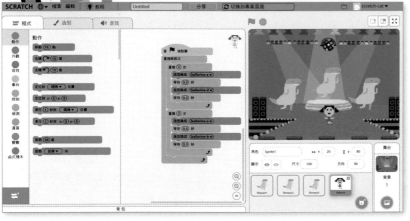

◁ **Scratch 3.0**

這是2019年釋出的最新版本。舞台區在視窗右邊，程式積木和功能也比舊版更多。最大的改變包含了增加許多新角色、更容易使用的音效編輯介面，以及「擴充功能」區，你可以在這個區塊找到許多新的程式積木。

專家技巧

滑鼠按鍵

Scratch需要精準的滑鼠動作，所以使用電腦滑鼠會比使用觸控板更好操作。在本書中，你會常常需要使用滑鼠右鍵來點選。如果

你的滑鼠只有一個按鈕，可以在按下滑鼠時同時按住鍵盤的shift或control鍵，就可達到按右鍵的效果。

Scratch介面

這是Scratch的任務控制介面，建立程式積木的工具在左半部，呈現專案執行結果的舞台則在右半部。不要害怕嘗試和探索喲！

選取程式標籤頁來建立程式碼。

改變語系

選單

使用音效標籤頁，增加角色的音樂和音效。

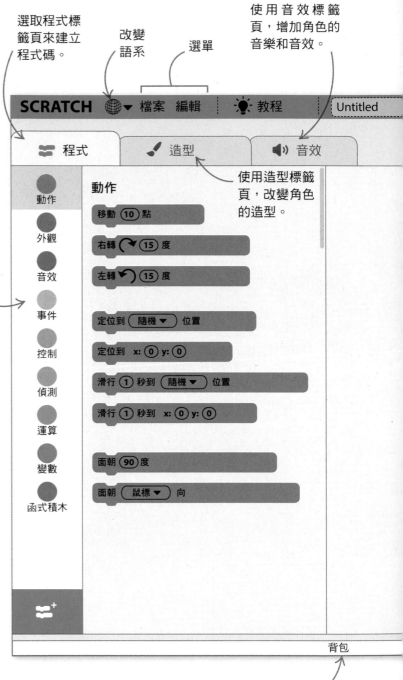

使用造型標籤頁，改變角色的造型。

積木區
所有程式積木分門別類放在Scratch視窗左邊的積木區。你可以拖曳你需要的積木到程式區使用。

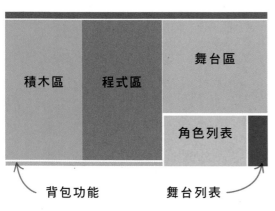

背包功能　　舞台列表

△ **為每一區命名**
使用本書時，你必須知道Scratch的視窗中有什麼元件，以及這些元件位在哪裡。這就是不同區域的名稱。點擊積木區上方的標籤頁，可以開啟Scratch的不同區塊，用來編輯音效和角色造型。

背包功能
儲存好用的程式積木、角色、造型和音效到背包中，你就可以在其他專案中重複使用。

程式區
拖拉積木到Scratch視窗中的程式區，將積木串連起來，為專案中的每個角色建構一些程式碼。

舞台區
這裡是執行結果呈現的地方。當你執行專案時，所有角色會根據它們的程式積木，在舞台區出現、移動和互動。

點擊這裡，讓你的專案以全螢幕呈現。

點這裡放大

角色列表
專案中使用的每一個角色都會顯示在這裡。點選角色，就可以在程式區看到它的程式碼。

藍色框框表示這是目前所點選的角色。

點選這個圖示來增加新的角色。

使用這個圖示來改變舞台背景。

創作各種專案

本書有各種有趣的專案，不需要擔心自己沒有使用過
Scratch，更不需要是個專家，第二章「踏出第一步」會幫助
你完成專案。在此介紹本書的使用方式。

貓咪藝術家（第26頁）

恐龍舞會（第34頁）

動物方程式（第48頁）

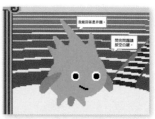
Gobo命運小精靈（第60頁）

△ 踏出第一步

透過這些簡單的專案來學習使用 Scratch 吧。每一個專
案都會介紹一些重要概念，若你是初學者，請不要跳過
任何步驟。到了這一章的最後，你會對 Scratch 的基本
知識非常了解。

自創角色（第70頁）

自製生日卡片（第82頁）

美麗的旋轉螺旋圖（第94頁）

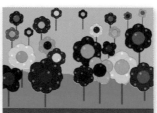
綻放的花朵（第106頁）

◁ 畫畫時間

藝術家喜歡找尋新方法來創
作，而電腦提供的工具恐怕
連李奧納多・達文西[1]也無
法想像。創作生日卡片、旋
轉螺旋圖，並讓美麗的花朵
開滿你的世界吧。

▷ 設計遊戲

設計遊戲是學習寫程式時最能展現創意的項
目。遊戲設計師總是在找尋充滿想像力的新
方式來挑戰玩家或敘述遊戲故事。這個章節
的專案會考驗你如何控制角色穿越曲折的隧
道，以及清理有汙漬的電腦螢幕。

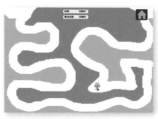
厄運隧道（第122頁）

視窗清潔員（第134頁）

下雪了（第144頁）

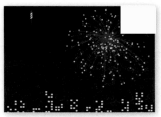
放煙火（第154頁）

碎形樹（第162頁）

雪花產生器（第172頁）

△ 生活中的創意

給電腦一些有用的資訊，它就可以模擬真實世界的樣貌。這個章節會教你如何模擬下雪、閃爍的煙火、生長的樹和不同形狀的雪花。

角色搭配音效（第182頁）

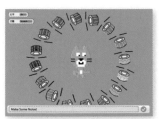
鼓聲響起（第190頁）

◁ 音樂和音效

早期的電腦連製作個簡單聲響都很困難，但現在的電腦卻能模擬交響樂團中的任何一樣樂器。試著讓你的耳朵享受這兩個專案，在第一個專案為傻傻的動畫搭配音效，在第二個專案動動你的手指頭來擊出鼓聲。

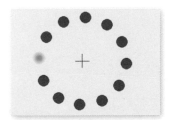
魔幻的圓點（第200頁）

進階螺旋圖（第208頁）

◁ 奇幻的錯覺

以聰明的方式使圖片動起來，讓眼睛看到美麗的圖象並產生錯覺。試著做出這些奇幻、會旋轉的圖案。

專家技巧

完美的專案

本書的每個專案都會分解成簡單的步驟，只要仔細的跟著步驟做，你就能駕輕就熟。後面的專案會愈來愈複雜。因此當你發現呈現結果不如預期時，可以回到前面幾個步驟，仔細的確認每個指令正不正確。若仍有問題，可以請師長協助。當你的專案能夠運作後，別害怕嘗試修改一些程式積木，加入你自己的想法。

譯注1：李奧納多・達文西是義大利文藝復興時期的博學者，擅長繪畫、音樂、建築、數學、科學等。

踏出
第一步

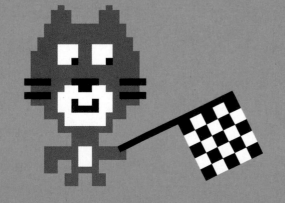

貓咪藝術家

Scratch的吉祥物是一隻貓咪。讓我們透過貓咪的足跡來創作簡單而美麗的圖吧！你將在這個專案學會將貓咪變成多彩的筆刷，你還能運用相同的技巧，使用任何一個角色來畫圖。

點選綠旗，開始執行專案。

點選停止圖示來停止專案。

如何運作

你在這個專案將使用電腦滑鼠來畫出五顏六色的貓咪藝術作品。滑鼠拖曳到哪裡，彩虹般的貓咪足跡就會畫到哪裡。之後你還會學到如何加入其他效果。

△ 跟著滑鼠移動

首先，放一些程式碼使貓咪跟著鼠標在舞台上移動。

△ 改變顏色

接著，在程式中增加積木，讓貓咪不斷改變顏色。

△ 複製角色

使用「蓋章」積木，讓貓咪不停複製，在舞台上留下足跡。

△ 各種變形

你可以嘗試Scratch內建的許多瘋狂特效來改變貓咪的外觀。

貓咪會跟著你的鼠標移動並持續改變顏色。

點選這裡，使專案變成全螢幕模式。

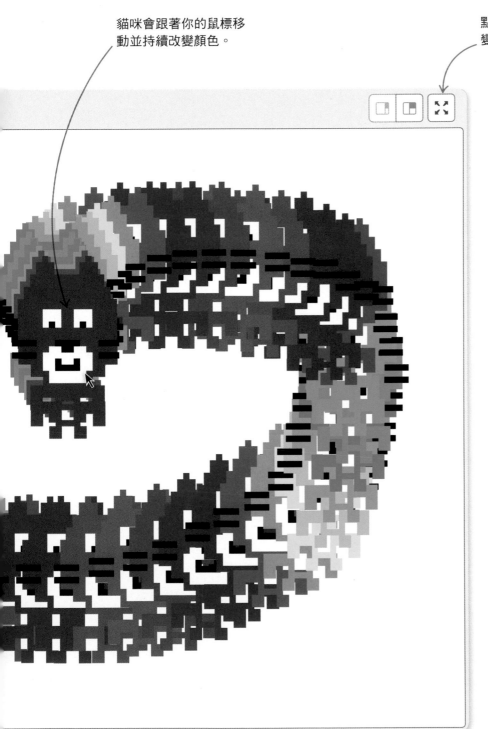

◁ **藝術般的作品**

這個專案將開啟你的想像力。你可以嘗試改變貓咪的顏色、大小和效果，最後你的專案會像現代藝術般令人驚豔。

這就是我所謂的傑作！

滑鼠控制

第一步，讓貓咪角色跟著鼠標移動。你需要建立一連串的指令，也就是程式碼，讓貓咪角色照著指令。

跟我走。

1 首先開啟一個新專案。如果你使用的是Scratch線上版，請至Scratch官網，點選上方的「創造」。若你是使用Scratch離線版，請點選電腦桌面上的Scratch圖示，就會直接開啟新專案，你就可以立即開始建立程式碼了。

一打開新專案，舞台上的貓咪角色是唯一的物件。

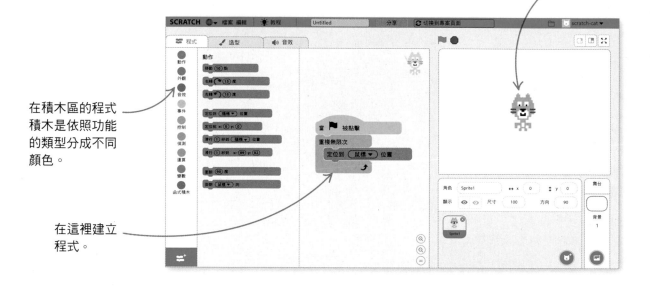

在積木區的程式積木是依照功能的類型分成不同顏色。

在這裡建立程式。

2 你只要從左邊區域（積木區）拖拉不同顏色的程式積木，到中間空白的灰色區域（程式區），就能建立程式。程式積木是以顏色來表示功能的類別，你可以點選左側積木區的功能類別，來切換不同功能的積木。

「動作」是開啟新專案時預設呈現的類別。點選不同文字，會顯示不同顏色類別下的指令積木。

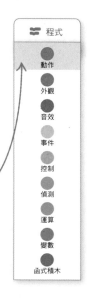

▪▪ **內行話**

執行程式

「執行程式」對工程師來說，意思是「開始程式」。我們會用「執行中」來表示程式正在進行某件事情。在Scratch中，程式也稱為「專案」，點選綠旗就代表執行這個專案。

3 選擇「定位到隨機位置」積木，將它拖拉到右方的程式區。積木會停留在你拖曳到的位置。點開下拉選單，點選「鼠標」。

4 現在，點選積木區左側的「控制」，右側的程式積木會全部切換成橘色。

點選「控制」，顯示橘色積木。

拖曳「重複無限次」積木到程式區。

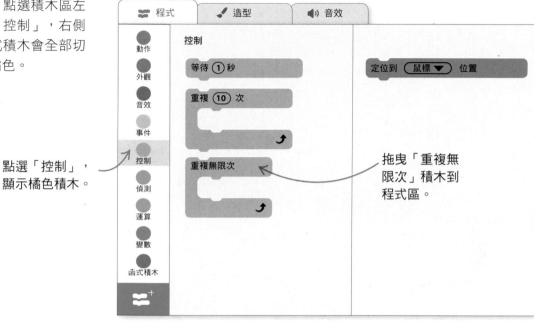

5 使用滑鼠拖拉「重複無限次」積木，將「定位到鼠標位置」積木包覆在裡面。只要你在靠近藍色積木時放開滑鼠，它應該就會到達正確的位置。「重複無限次」積木會一次又一次的執行包在裡面的積木。

這個積木稱為一個「迴圈」，能不斷執行包覆在裡面的積木。

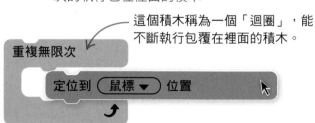

6 選取積木區「事件」類別下的「當綠旗被點擊」積木，放置在所有積木的最上方，你的第一個小程式就完成了。當有人點擊舞台上方的綠色旗子時，程式會開始執行。

放置在最上面的積木也稱為起始積木。

7 點擊舞台上方的綠旗。貓咪現在會跟著滑鼠的游標移動位置了。你可以點擊紅色按鈕，停止貓咪和鼠標之間的追逐。恭喜你完成了第一個可運作的Scratch程式！

開始執行程式　　停止執行程式

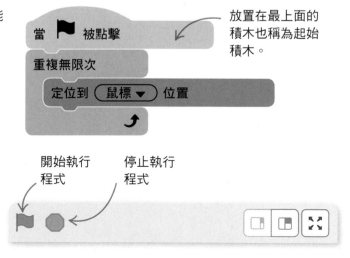

不同顏色的貓咪

你可以在 Scratch 找到許許多多進行藝術創作的方法。簡單修改一下程式，就可以做出變化。

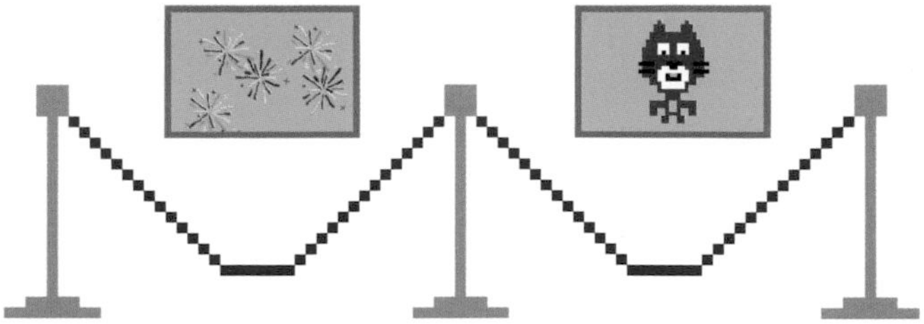

8 點選積木區的「外觀」，找到「圖像效果顏色改變」積木。拉出積木並放到程式中的迴圈裡面，如右圖。

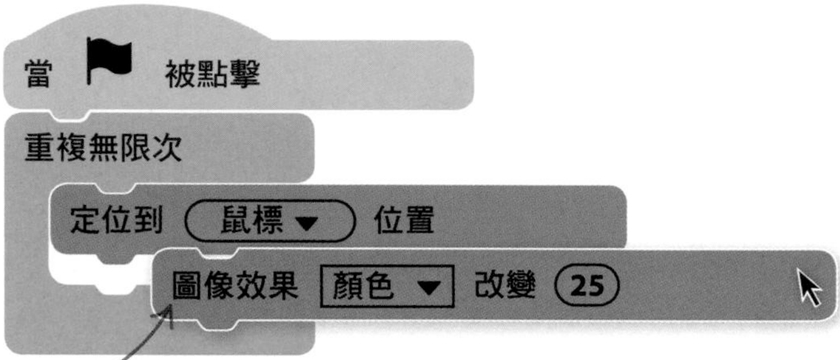
當 被點擊
重複無限次
定位到 鼠標 ▼ 位置
圖像效果 顏色 ▼ 改變 25

當你執行新程式時，你覺得會發生什麼事？

9 點選綠旗執行更新的專案。貓咪現在會不停的改變顏色。每一次迴圈執行「圖像效果顏色改變」積木時，角色的顏色就會有些微變化。

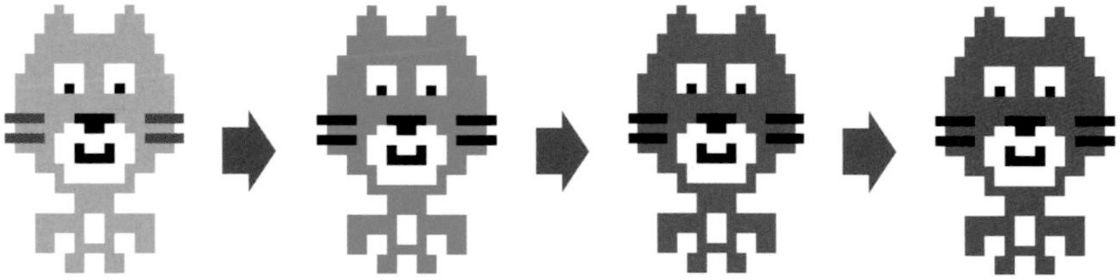

10 現在是時候來點藝術創作了。你需要加入一個擴充功能。點選左下方的添加擴展按鈕，然後選擇「畫筆」，積木區就會增添「畫筆」類別，你還會看到一堆綠色的積木。拖拉「蓋章」積木放到迴圈積木中，如右圖。

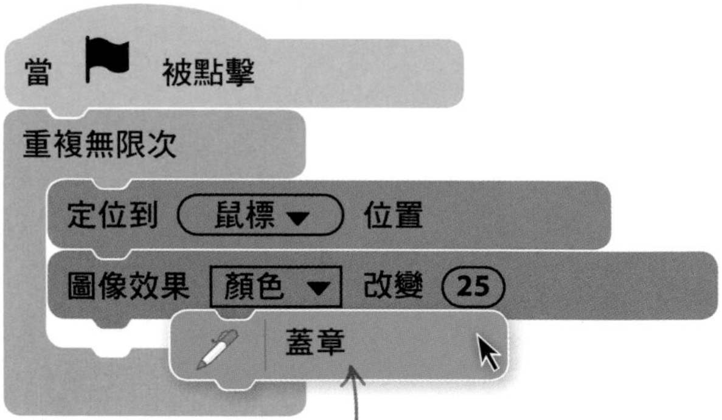
當 被點擊
重複無限次
定位到 鼠標 ▼ 位置
圖像效果 顏色 ▼ 改變 25
蓋章

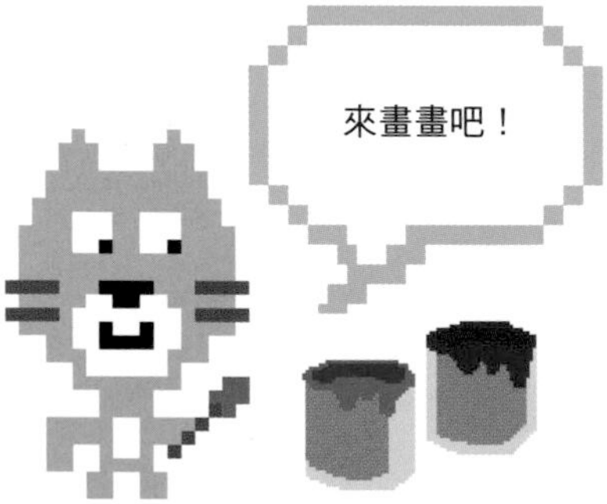
來畫畫吧！

「蓋章」積木會讓貓咪在停留的任一位置上「蓋印」出一個角色的圖樣。

11 接下來，再次按下綠旗來執行專案。貓咪會在經過之處留下不同顏色的足跡。真是隻藝術感十足的貓咪啊！

沿途留下的每一隻貓咪都是透過「蓋章」積木蓋印出來的。

12 你將會發現舞台上很快就充滿了貓咪，但別擔心，你可以增加程式碼，讓你按一個鍵就把畫面清除乾淨。選擇積木區的「畫筆」類別，找到「筆跡全部清除」積木，將它拖拉到程式區，但不要跟第一段程式放在一起。接著點選「事件」類別，加上一個黃色的「當空白鍵被按下」積木。執行專案，然後按下空白鍵，看看會發生什麼事。

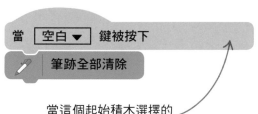

當 空白 ▼ 鍵被按下
　　筆跡全部清除

當這個起始積木選擇的某個按鍵被按下時，會開始執行程式。

😎 **專家技巧**

全螢幕

為了讓專案有最佳觀看體驗，你可以點選舞台右上方的全螢幕按鈕，隱藏所有程式，只顯示出執行結果。全螢幕模式時，右上方也有個長相類似的按鈕，可以縮小舞台並顯示程式。

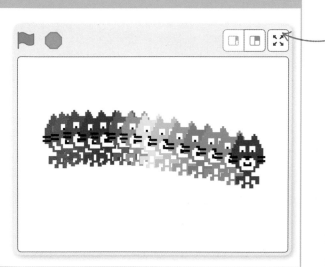

點選這裡，讓你的專案以全螢幕呈現。

如果你使用的是Scratch離線版，要記得隨時儲存你的作品。

改造與調整

這裡有非常多改變貓咪外表的方法，你可以用它們來創造驚人的視覺效果。以下是一些技巧，你可以自己實驗看看。

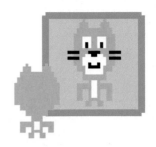

▽ 試試改變大小

加入這兩個程式積木，在你按鍵盤的向上鍵或向下鍵時，將貓咪變大或變小。

點擊這個三角形，從下拉選單中選擇你想對應的鍵盤按鍵。

當 [向上 ▼] 鍵被按下
尺寸改變 (10)

當 [向下 ▼] 鍵被按下
尺寸改變 (-10)

正數使貓變大，負數使貓變小。

試試看

瘋狂的貓

試著讓你的貓咪不斷長大到填滿整個舞台。或按空白鍵清除畫面，只留下鼠標，持續按住鍵盤的向下鍵，貓咪裡面就會不斷出現愈來愈小的貓咪，就像一個彩色的貓形隧道。

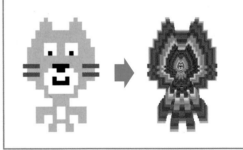

▽ 平緩的變化

不要害怕改變 Scratch 積木的數字與設定。改變貓咪的顏色效果值不需要每次都是 25。當數字愈小，顏色的改變幅度愈小，看起來就會像這條彩虹一樣。

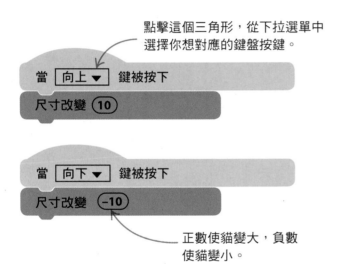

當 ▶ 被點擊
重複無限次
　定位到 (鼠標 ▼) 位置
　圖像效果 [顏色 ▼] 改變 (1)
　🖊 蓋章

設定數字為 1，讓顏色變化更平緩流暢。

▽ 特殊效果

除了簡單的顏色改變外，還有很多效果值得一試。試試加入另外一個改變外觀的積木到主程式裡。點擊下拉選單，試試其他效果有什麼作用。

▽ 清除乾淨

有時畫面變得太雜亂，所以加上一個「圖像效果清除」積木在新的程式下面，按下空白鍵就可以把舞台清乾淨。

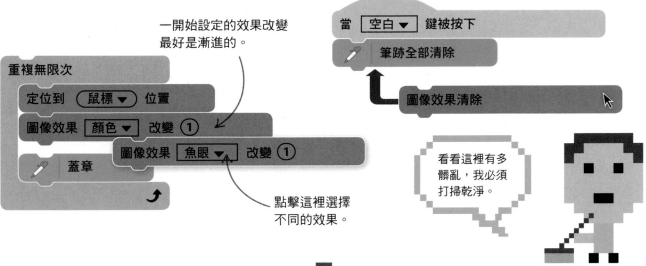

一開始設定的效果改變最好是漸進的。

點擊這裡選擇不同的效果。

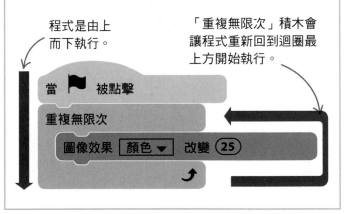

看看這裡有多髒亂，我必須打掃乾淨。

▽ 掌握在指尖

為了讓你在使用貓咪畫畫時掌控更多效果，你可以選擇任何按鍵來驅動程式積木。你可以把整個鍵盤的按鍵對應到貓咪的各種奇怪特效，包括下面這個幻影效果。

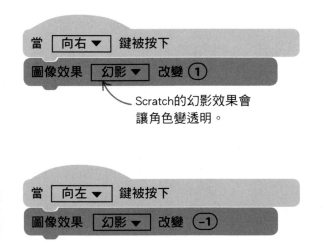

Scratch的幻影效果會讓角色變透明。

專家技巧

迴圈

幾乎所有的電腦程式都有迴圈設定。這個設定很有用，可以讓程式回頭重複執行一系列的指令，程式積木就能很精簡。「重複無限次」積木是無止盡重複的迴圈，其他迴圈積木則是有限定重複次數的迴圈。你將會在本書後面的專案認識其他好用方便的迴圈積木。

程式是由上而下執行。

「重複無限次」積木會讓程式重新回到迴圈最上方開始執行。

當 ▶ 被點擊
重複無限次
　圖像效果 顏色 ▼ 改變 25

恐龍舞會

穿上你的舞鞋，加入恐龍的舞會吧！你
會邀請誰？舞會將有音樂、燈光秀和歡
樂的舞蹈。舞步就像是電腦的程式，只
要照著步驟做，就能完成。

點選綠旗，
開始執行專案。

點選停止按鈕，
停止專案。

如何運作

每個角色都有一個或多個程式積木來控制
他的舞步。有些舞步是單純的轉身，有些
是在舞台上滑行或展現更多動作變化。你
想加入多少舞者都可以。

◁ 恐龍（Dinosaur4）
創造了跳舞的恐龍後，你可以
複製這個角色，來建立隨旋律
跳舞的恐龍舞群。

點選舞台背景「Spotlight」
來布置舞會現場。

◁ 芭蕾舞者（Ballerina）
芭蕾舞者可表演更複雜的舞蹈
動作來增加可看度。

魔球燈的色彩
每秒會變化好幾次。

點選這個圖示，
離開全螢幕模式。

透過切換不同的動作，
使角色看起來像在跳舞。

派對開始！

跳舞的恐龍

在Scratch的角色庫中，有許多已建立的角色供你選擇。許多角色
都有好幾種「造型」，呈現出不同的姿勢。如果快速變換角色的
造型，他就會看起來像在動。

1 首先，開始一個
全新的專案。從
Scratch的首頁點
選上方的「創
造」。如果你已
經打開Scratch的
專案，點選上方
的「檔案」，選
擇「新建專案」。

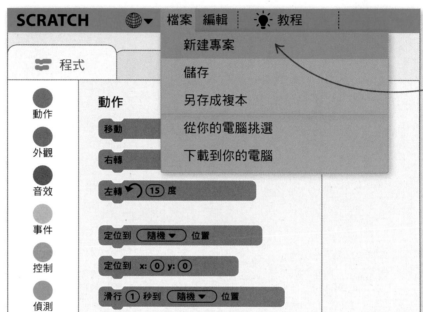

點選「新建
專案」，開
始一個全新
專案。

2 新專案通常會預設一隻貓咪角色，但你這
次不需要它。對著貓咪點擊右鍵（若是單
按鍵滑鼠，則請同時按下controls/shift
鍵），選擇「刪除」，貓咪就會消失。

3 接下來要載入一個新角色。舞台下方的角色列表
中，有一個角色圖示🐱。點擊圖示，就會開啟一個視
窗，裡面有大量角色可供選擇。選擇「Dinosaur4」，
它就會出現在舞台和角色列表中。

點選這裡，載入
新的角色。

4 為Dinosuar4寫個簡單的程式。請注意,這個
程式碼是在按下空白鍵時執行,而不是當綠
旗被點擊時執行。

點選積木區的「事件」,
就能找到黃色積木。

點選「外觀」,
找到紫色積木。

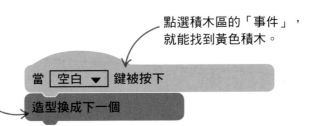

當 空白 ▼ 鍵被按下

造型換成下一個

5 注意看舞台上的恐龍並按下空白鍵。你每按一次,恐龍就會改變一
次姿勢。它仍然是Dinosuar4,但是它的樣子不斷的改變。每個不同
的姿勢稱為一個造型,讓角色看起來在做不同的事情。

每個姿勢都是恐龍
角色的不同造型。

6 點選積木區上方的「造型」
標籤頁,就能看見恐龍的所
有造型。按下空白鍵來觸發
「造型換成下一個」積木,
你就會看到角色列表和舞台
區的恐龍正在改變造型。

每個造型都有不同
的名字。

Scratch視窗的這個區塊稱為
「繪圖編輯器」。稍後你會
了解如何使用它來創造你的
角色和背景。

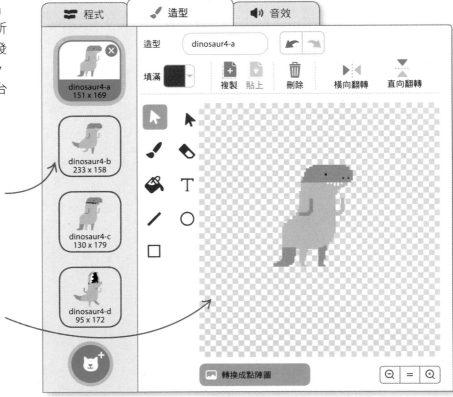

跳舞舞步

使用迴圈功能，可以讓你的恐龍不斷改變造型，使它看起來在動。快速改變圖片使人產生物體運動的錯覺，這就稱為動畫。

7 點選Scratch視窗上方的「程式」標籤頁，回到恐龍的程式積木並增加程式碼。在你開始動作前，先閱讀程式，看看你能不能理解它們如何運作。

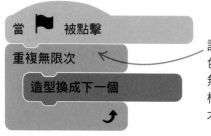

請記住程式是以顏色來分類。「重複無限次」迴圈是在橘色的「控制」積木類別。

8 點選舞台上方的綠旗來執行程式。你會看到恐龍瘋狂的改變動作，是因為它以高速重複迴圈所有造型。為了創造更簡潔的舞步，下一個步驟是將造型的數量限制為兩種。

dinosaur4-c　　　　dinosaur4-d

9 移除迴圈中的「造型換成下一個」積木，換成右圖的積木。新的程式碼可將兩種造型互相切換，「等待」積木則可讓所有動作慢下來。再次點擊綠旗執行專案，現在恐龍的舞蹈應該看起來比較理智了。

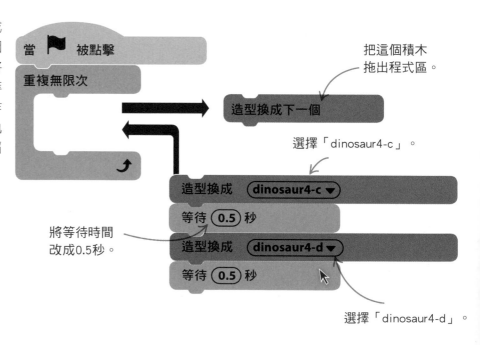

把這個積木拖出程式區。

選擇「dinosaur4-c」。

將等待時間改成0.5秒。

選擇「dinosaur4-d」。

10 如果想在舞會上增加更多隻跳舞的恐龍，你只要複製第一隻恐龍就行了。對著角色列表的恐龍角色按右鍵，在下拉選單點擊「複製」。一隻新的恐龍角色就會出現在角色列表了。

對著恐龍按右鍵（或 Control/shift鍵）。

選擇「複製」來複製角色和它的程式。

11 再複製一次角色，讓畫面上總共有三隻恐龍。點選舞台上的恐龍，將每一隻恐龍拖拉到適合的位置。執行專案。由於它們的程式都一樣，所以它們會同時跳一樣的舞蹈。

設置舞台

恐龍們正在跳舞，但場景似乎有點無趣。跟著接下來的步驟添加一些裝飾和音樂吧。你會需要為舞台做些改變。雖然舞台不是角色，但仍可有自己的程式。

12 首先要改變布景。舞台上的圖片稱為背景，你可以載入新的背景。找到螢幕右下方，點擊角色列表右方的背景圖示 🖼 。

點擊這個圖示來增加背景。

選個背景

13 在背景圖庫搜尋「Spotlight」並點選，這個背景就會出現在舞者的身後。

「Spotlight」背景讓舞會的感覺不一樣了。

14 現在，點選畫面上方的「程式」標籤頁，為舞台增添一些程式碼。每個角色都可以有屬於自己的程式，舞台當然也可以。

點選這裡，呈現程式區。

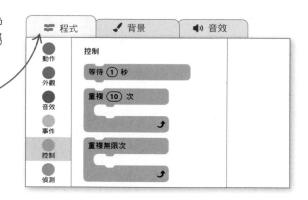

15 增加這個程式，讓魔球燈閃爍。然後點選綠旗來執行專案，舞台應該就會真的像個迪斯可舞會一樣。你可以調整「等待」積木的時間，讓燈光閃爍得更快或更慢。

這個積木只會改變背景的顏色，不會影響其他角色。

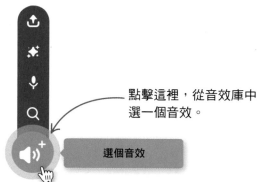

調整這裡的數字，來改變燈光閃爍的速度。

16 是時候增加一些音樂了。點選上方的「音效」標籤頁，就在「背景」標籤頁的旁邊。接著點選左下角的喇叭圖示 ◀，打開Scratch音效庫。點選「Dance Around」，這個音效就會載入舞台的音效編輯列表中。

點擊這裡，從音效庫中選一個音效。

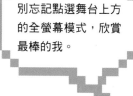

選個音效

17 再次點選「程式」標籤頁，增加新的程式碼來重複播放音樂。點擊綠旗，再次執行專案，音樂就會播放出來。你現在真的擁有一個派對了！

別忘記點選舞台上方的全螢幕模式，欣賞最棒的我。

音樂會不斷重複播放！

因為加了這個積木，整段音樂播放完，才回到這段程式的開頭。

動起來吧！

這些恐龍可以做出一些特別的舞步，但牠們無法在舞台上四處移動。你可以增加一些「動作」積木來解決這個問題。

18 首先，點選角色列表中的Dinosaur2，讓它的程式呈現在程式區。

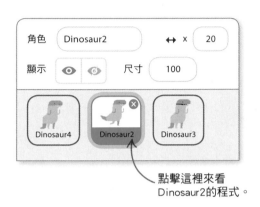

點擊這裡來看Dinosaur2的程式。

19 下一步是增加其他程式碼。點選積木區最上面的「動作」類別，找到深藍色積木。你覺得要增加什麼積木呢？

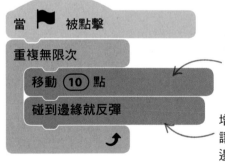

這不是恐龍實際移動的步數，而是Scratch計算距離的方式。

增加這個積木，讓恐龍碰到舞台邊緣時轉向。

20 現在點選綠旗，Dinosaur2的兩組程式積木會同時執行。角色會在舞台上四處移動、轉彎、來回跳舞。但你會發現轉彎之後，牠是倒立著跳舞。

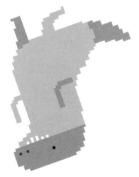

21 為了避免恐龍大腦充血，可以像右圖一樣增加「設定迴轉方式」積木。現在你已經有能力選擇要不要讓恐龍用頭跳舞了。

在下拉選單中選擇「左-右」，讓恐龍維持正立。

用鍵盤控制

你想用手動操控恐龍嗎？下一段程式將讓你透過鍵盤控制
Dinosaur3的移動：你可以用鍵盤的向左和向右鍵，讓恐龍
在舞台上來回移動。

22 點選角色列表中的
Dinosaur3，你就可
以編輯它的程式。

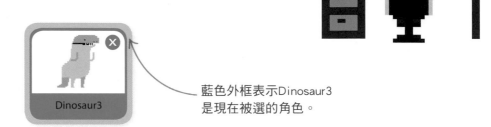

藍色外框表示Dinosaur3
是現在被選的角色。

23 在程式區增加這串程
式碼。這看起來有點
複雜，所以你得確認
所有東西都放對了。
「如果……那麼」積
木是在橘色的「控
制」積木類別裡。這
個積木很特殊，可以
插入一個問題，再
從答案來決定要不
要執行包在下面的積
木。請確認兩個「如
果……那麼」積木都
包在「重複無限次」
的迴圈裡，而不是包
在各自的積木裡。

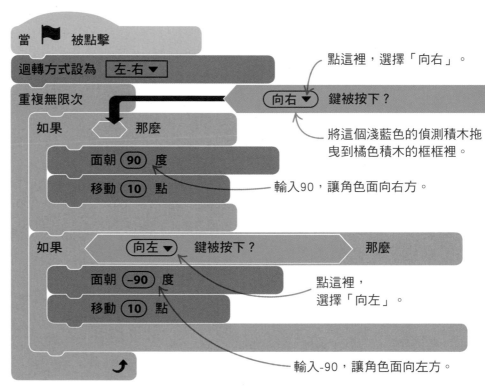

點這裡，選擇「向右」。

將這個淺藍色的偵測積木拖
曳到橘色積木的框框裡。

輸入90，讓角色面向右方。

點這裡，
選擇「向左」。

輸入-90，讓角色面向左方。

24 執行這段程式前，請先仔細看過內容，確認你是不
是理解它的功用。如果按下向右鍵，就會執行讓角
色面向右方和前進的積木。若是按下向左鍵，則會
執行讓角色面向左方和移動的積木。如果任何按鍵
都不按，就不會執行任何積木，恐龍也不會有任何
動作。

專家技巧

做選擇

人們總是在做選擇。如果你餓了，你會選擇吃東西；如果不餓，你就不會吃。電腦程式也可以在不同的選項之間做選擇。其中一種方式是使用「如果……那麼」指令，這個指令很常在程式語言中使用。在Scratch中，「如果……那麼」積木會包含一個敘述或問題，只有當敘述成立或答案是肯定時，才會執行積木包覆的程式。

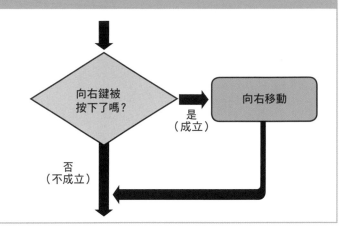

加入芭蕾舞者

恐龍們正在跳舞，但是很少有舞會是沒有其他朋友的。這個芭蕾舞者正準備加入，並做些她平常常做的事。她的程式會讓你知道如何創造更複雜的舞蹈動作。

25 點選角色列表的角色圖示 😺 ，載入「Ballerina」。接著用滑鼠將角色拖拉到舞台上適合的位置。在為芭蕾舞者寫程式前，請先確認你已經選取她了，已選取的角色會有藍色外框。

芭蕾舞者（Ballerina）已被選取。

26 選取角色後，點擊「造型」標籤頁，你就能看到這個角色的所有造型。芭蕾舞者有四種造型，切換造型能讓她跳出美麗的芭蕾舞。

每個造型都有獨一無二的名字。

27 你可以用不同的造型，為這個舞者設計舞步，就像右圖一樣。在程式中，每一個舞步都是一個指令積木。

造型ballerina-a後面接著造型ballerina-b，重複三次。

28 建立右邊程式碼，為芭蕾舞者創造第一支舞蹈。這次不使用「重複無限次」的迴圈，而是用「重複幾次」的迴圈，重複執行固定次數後再往下進行。執行這個專案，看看她如何展現舞蹈動作。

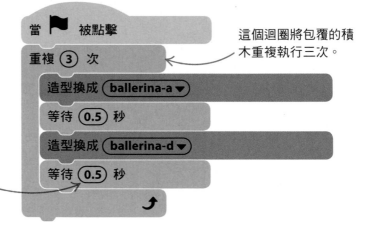

這個迴圈將包覆的積木重複執行三次。

點擊這裡，輸入0.5來設定等待時間。

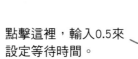
內行話

演算法

演算法是一系列簡單、按照步驟的指令，能夠完成某項特定任務。在這個專案中，我們將芭蕾舞者的舞蹈動作（一個演算法）轉換成一組程式。每個電腦程式都有一套核心的演算法。寫程式就是將演算法的步驟轉譯成電腦可以理解的程式語言。

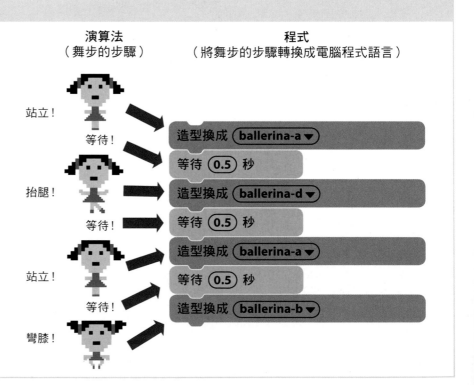

演算法
（舞步的步驟）

程式
（將舞步的步驟轉換成電腦程式語言）

站立！

等待！

抬腿！

等待！

站立！

等待！

彎膝！

29 現在來設計第二組芭蕾舞者的舞步。
抬了三次腳之後蹲低兩次。

造型ballerina-a後接著造型
ballerina-b，重複兩次。

30 在芭蕾舞者程式的第一個「重複」積木後面，增加下面這串程式積木。

31 接著點選綠旗，你就能看到芭蕾舞者的整套舞蹈。但是她只會跳一次。想讓她持續跳舞的話，可以把整串程式積木放在「重複無限次」迴圈裡。讓迴圈中有迴圈！

拖拉「重複無限次」迴圈到已經寫好的程式上面，積木就會自動包覆整串程式碼。

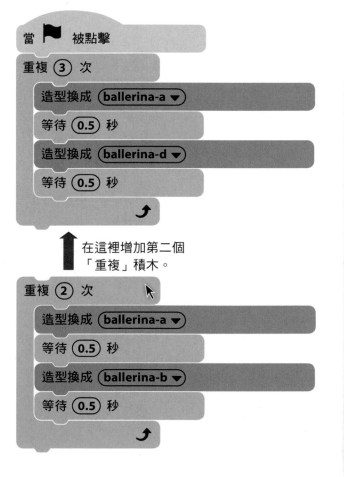

在這裡增加第二個
「重複」積木。

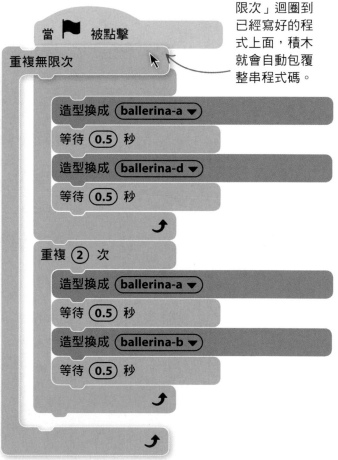

專家技巧

重複固定次數與重複無限次的迴圈

仔細觀察你目前使用過的兩種迴圈積木的最下面，哪一種積木的下面還能串接其他積木呢？你會注意到「重複」積木的下方有個小凸起，但是「重複無限次」積木卻沒有。這是因為「重複無限次」積木會無限的重複執行，因此在下面增添積木也沒有意義。然而「重複」積木會在執行固定的次數後，繼續執行下面的積木。

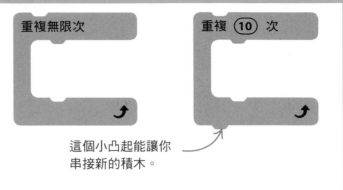

這個小凸起能讓你串接新的積木。

改造與調整

你可以根據喜好，在專案中增加更多舞者。Scratch有許多角色擁有多種造型，即使是只有一種造型的角色，你也可以讓它左右翻轉或向上跳躍。

▽ 轉向

你可以用「旋轉180度」積木，讓角色鏡像翻轉。只要將這個積木放在「重複無限次」迴圈的末端之前，就能讓你的角色每次重複舞蹈時都鏡像翻轉。

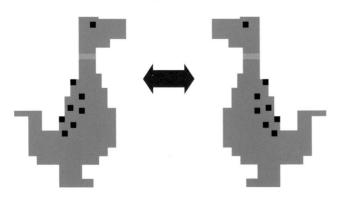

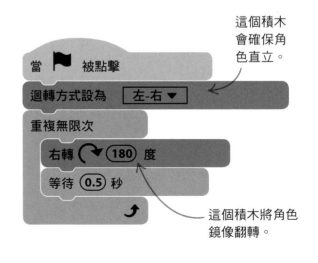

這個積木會確保角色直立。

這個積木將角色鏡像翻轉。

▷ 跳起來！

看看角色庫裡的其他角色，他們有許多造型，可以呈現不同的舞蹈動作。先從簡單的程式開始，例如右邊的程式碼是將所有造型照順序呈現。接著，挑出姿勢接起來最順暢的造型彼此切換。最後增加迴圈來延長舞蹈，或使用偵測積木，讓你能用鍵盤操控。

```
當 ▶ 被點擊
尺寸設為 (50) %
重複無限次
    造型換成下一個
    等待 (0.2) 秒
```

▽ 一起跳躍！

增加另一位芭蕾舞者，用下列程式積木讓她在空中跳躍。造型的改變會讓她看起來真的在跳。修改等待時間，讓她的舞蹈和音樂能互相搭配。

```
當 ▶ 被點擊
迴轉方式設為 [左-右 ▼]
重複無限次
    造型換成 ( ballerina-b ▼ )
    等待 (3) 秒
    面朝 (0) 度          ← 輸入 0，使她
    移動 (50) 點            向上移動。
    造型換成 ( ballerina-c ▼ )
    等待 (0.5) 秒
    面朝 (180) 度
    移動 (50) 點         ← 輸入 180，使她
                          向下移動。
```

試試看

大喊！

在每個角色的程式中增加這一小段積木。當你按下鍵盤的 x 鍵，所有角色都會大喊「派對！」

```
當 [x ▼] 鍵被按下
說出 [派對！] 持續 (2) 秒
```

派對！

動物方程式

狗或蝙蝠哪一個移動得比較快？玩玩
這個用手指快速按鍵盤的雙人動物比
賽，就能找到答案。

點擊綠旗來
執行專案。

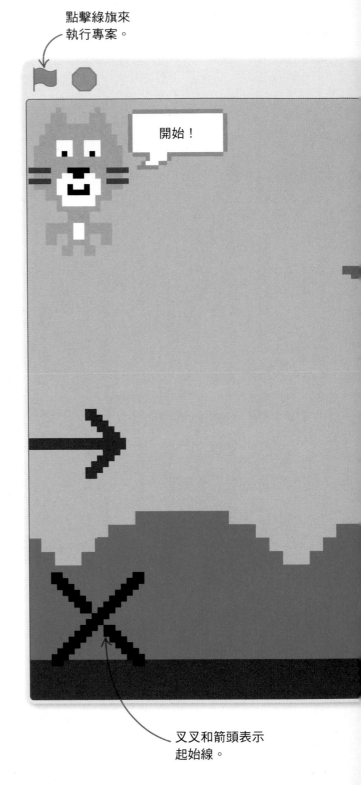

開始！

如何運作

這個雙人遊戲的目的是在螢幕上比賽看誰先碰
到氣球。獲勝的先決條件是要有個快手指。按
鍵盤上的 z 或 m 鍵，你按得愈快，角色就會愈
快從畫面左邊移動到右邊。

◁ 傳訊訊息

這個專案會告訴你如何使用
Scratch 的訊息傳送功能，讓
一個角色能傳訊給另一個角
色，例如讓貓咪告訴狗和蝙
蝠比賽要開始了。

計數

◁ 變數

貓咪的程式碼將資訊儲
存在「變數」裡。在這
個專案中，你會用一個
變數來儲存貓咪在比賽
開始時的計數。

叉叉和箭頭表示
起始線。

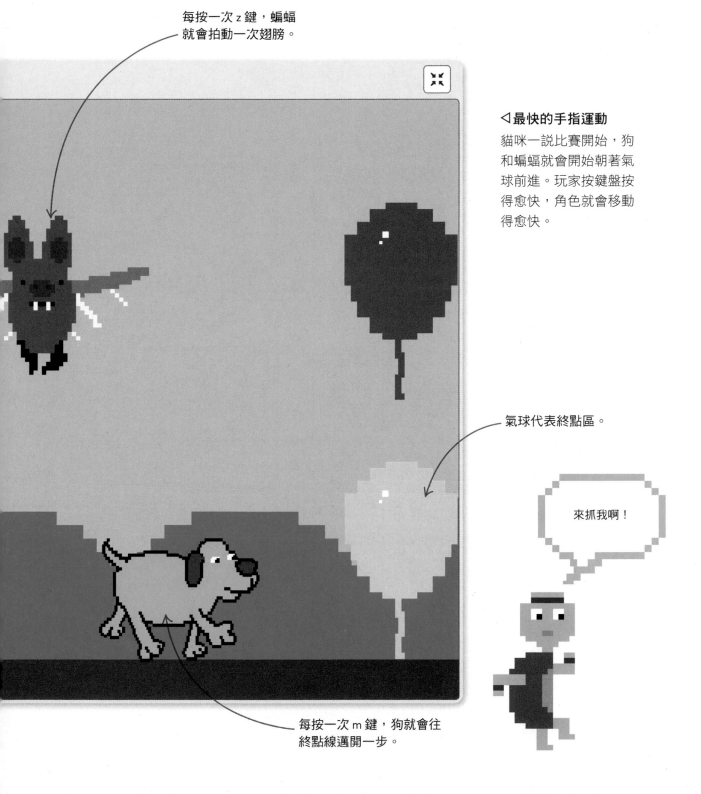

每按一次 z 鍵，蝙蝠就會拍動一次翅膀。

◁ 最快的手指運動

貓咪一説比賽開始，狗和蝙蝠就會開始朝著氣球前進。玩家按鍵盤按得愈快，角色就會移動得愈快。

氣球代表終點區。

每按一次 m 鍵，狗就會往終點線邁開一步。

來抓我啊！

貓咪發令員

貓咪要喊「1、2、3、開始！」來開始比賽，所以你必須教牠如何計數。電腦程式使用變數來儲存可改變的資訊，例如玩家的名字或他們在比賽中的分數。貓咪將使用叫「計數」的變數來知道現在數字數到哪裡。

1、2、3、開始！

1 開始一個新專案。建立一個新的變數，選擇深橘色的「變數」類別，點擊「建立一個變數」。

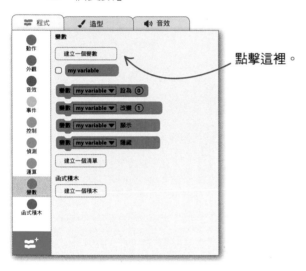

點擊這裡。

2 畫面將彈出一個小視窗，詢問你新變數的名稱。輸入「計數」，其他選項不動，然後點擊「確定」。

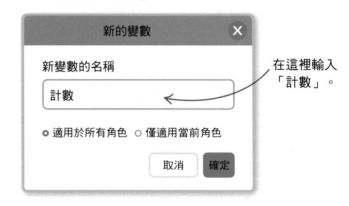

在這裡輸入「計數」。

3 你現在會看到積木區出現了一些與新變數有關的深橘色積木。取消勾選這個變數積木，它就不會呈現在舞台上。

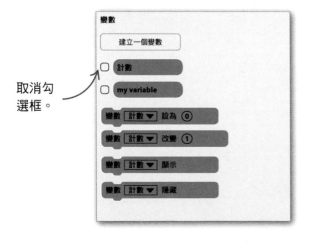

取消勾選框。

4 將下列這段程式寫入貓咪角色中。設定「變數」的數值從0開始。接下來，在迴圈裡面設定「變數」數值加1，並讓貓咪說出新的數值持續一秒。執行迴圈三次後，再讓貓咪說「開始！」來開始比賽。

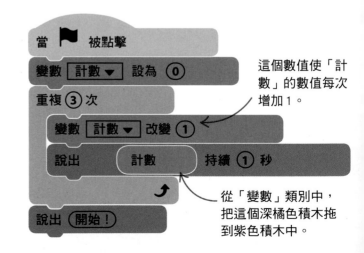

這個數值使「計數」的數值每次增加1。

從「變數」類別中，把這個深橘色積木拖到紫色積木中。

5 點選綠旗來執行程式。「說出」積木小框中的深橘色「計數」積木，會讓貓咪在每次執行時說出變數的數值。你可以改變「重複」積木小框內的數字，來改變貓咪數出的數字。

•• 內行話

變數

試著想像變數是一個用來裝資料的盒子，內有標籤用來記錄內容物。當你建立一個新變數時，幫它取一個有意義的名字，例如「最高分數」或「玩家名稱」。你可以將一串資料放進變數中，包含數字或文字。在程式執行過程中，你也可以改變資料的值。

95970

最高分數

設定參賽者

貓咪準備好要開始比賽了。下一步是為比賽妝點舞台，並增加蝙蝠和狗的角色，以及其他標示跑道起點與終點的角色。

6 新增一個背景。點擊角色列表右邊的背景圖示 🖼，點選「Blue Sky」背景圖。

點擊這裡打開背景圖庫。

選個背景

7 增加參賽者的時候到了，先從狗開始。點擊角色列表的角色圖示 🐱，找到角色庫中的「Dog2」並加入專案。

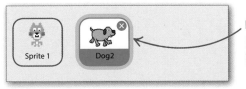

Dog2現在會出現在角色列表上。

8 確認你已選取角色列表中的Dog2。點選視窗上方的「造型」標籤頁，你將會看到牠有三種造型。前兩種造型是狗在跑步，而我們不需要第三種造型，所以刪除它。

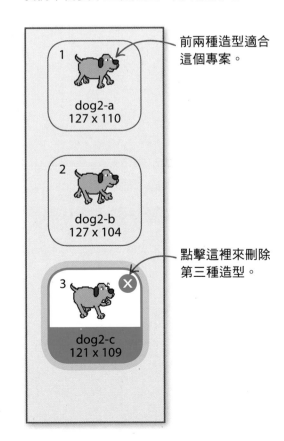

前兩種造型適合這個專案。

1
dog2-a
127 x 110

2
dog2-b
127 x 104

點擊這裡來刪除第三種造型。

3
dog2-c
121 x 109

9 為了讓狗知道哪裡是起點，增加一個新角色：Button5。它是個黑色叉叉。將它拖曳到舞台左下方。

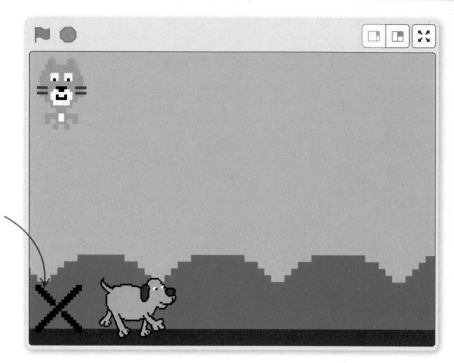

這個黑色叉叉指示狗從這裡開始比賽。

10 每加入一個角色都應該設定一組有意義的名字。這會讓你的程式更好讀。點擊角色，將 Button5 重新命名為「Dog Start」。

在這裡輸入角色的新名字。

| 角色 | Dog Start | ↔ x | -211 | ↕ y | -129 |
| 顯示 | 👁 👁 | 尺寸 | 100 | 方向 | -90 |

Dog Start

藍色外框表示Dog Start已被選取。

11 再次選取Dog2。點選視窗上方的「程式」標籤頁，增加下面這段程式，讓狗能從正確的位置出發。執行專案，確認程式運作的情形。

從下拉選單選擇 Dog Start。

當 🚩 被點擊
定位到 Dog Start ▼ 位置
圖層移到 最上 ▼ 層

這個積木會讓狗顯示在叉叉的上層，不會被擋在下面。

我應該在黑色叉叉的上層。

12 現在增加一個新角色作為狗的終
點線。選擇「Balloon1」，重新
命名為「Dog Finish」。點選「造
型」標籤頁，選擇黃色造型來改
變氣球的顏色。將這個角色拖曳
到狗要抵達的終點位置。

記得幫狗選擇
黃色氣球。

13 狗需要對手來比賽。再次點
擊角色列表的角色圖示 🐱，
增加蝙蝠角色到專案中。點
選「造型」標籤頁，你會看
到有兩個造型是拍動翅膀的
動作，很符合這個專案。

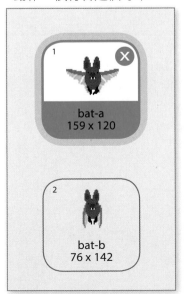

bat-a
159 x 120

bat-b
76 x 142

14 現在增加角色「Arrow1」，重新命名成「Bat Start」
放到叉叉的上方。增加另一個氣球，重新命名為
「Bat Finish」，放到右側蝙蝠要抵達的終點線。

蝙蝠要碰到
氣球才算完
成比賽。

15 點選角色列表中的蝙蝠角色，建立以下
程式。執行專案，並檢查兩個對手的起
跑線有沒有對齊。

```
當 ▶ 被點擊
定位到 (Bat Start ▼) 位置
圖層移到 最上▼ 層
```

開始比賽

蝙蝠和狗都需要程式讓他們參與比賽。當貓咪在比賽
開始時說出「開始！」時，會傳送一個訊息來觸發這
些程式積木開始執行。兩位參賽者幾乎會在相同時間
收到訊息。

開始！

16 選取角色列表的貓咪角色，並加上「廣
播訊息」積木到牠的程式下方。這個積
木會將訊息傳送給其他角色。

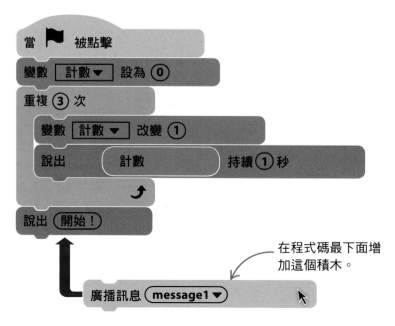

```
當 ▶ 被點擊
變數 計數▼ 設為 0
重複 3 次
    變數 計數▼ 改變 1
    說出 計數 持續 1 秒
說出 開始！
```

在程式碼最下面增
加這個積木。

```
廣播訊息 message1▼
```

17 點擊「廣播訊息」積木的三角形圖
示，從下拉選單選擇「新的訊息」。
輸入「比賽開始」，作為新訊息的名
稱，點選「確定」。

點擊這裡，打開
下拉選單。

```
說出 開始！
廣播訊息 message1▼
    新的訊息
    message1
```

新的訊息 ✕
新訊息的名稱
比賽開始
取消　確定

18 現在，貓咪在比賽開始時會傳送「比賽開始」的訊息了。每個角色都需要加入一些程式對訊息做反應。先選擇狗來增加下面這串程式。觀察兩個「等待直到」積木是如何串接在一起的，這讓玩家必須不停的按下和放開 m 鍵，才能使他們的角色移動；如果一直按住 m 鍵不放，角色並不會移動。

確認這裡的訊息是「比賽開始」。

直到 m 鍵被按下，程式才會繼續執行。

直到 m 鍵被放開，程式才會繼續執行。

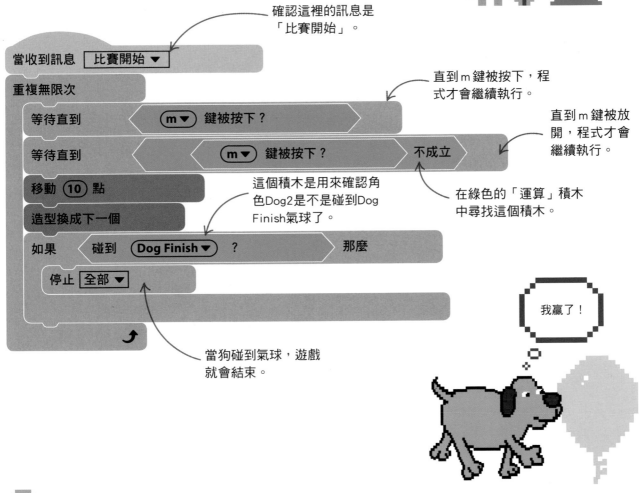

當收到訊息　比賽開始▼

重複無限次

等待直到　　（m▼）鍵被按下？

等待直到　　　　（m▼）鍵被按下？　不成立

移動 10 點

造型換成下一個

如果　碰到（Dog Finish▼）？　那麼

停止 全部▼

這個積木是用來確認角色Dog2是不是碰到Dog Finish氣球了。

在綠色的「運算」積木中尋找這個積木。

我贏了！

當狗碰到氣球，遊戲就會結束。

:: 　內行話

布林運算子：不成立

「不成立」積木是將提問積木裡的答案反轉。這個積木很好用，可以用來測試某件事是否不發生。Scratch 有三個運算積木可以用來改變是非問句的答案，分別是「不成立」、「或」和「且」。工程師稱它們為「布林運算子」，本書之後會讓它們全派上用場。

19 執行這個專案。貓咪一説「開始！」，你應該就會發現你每按下與放開 m 鍵，狗就會往前移動一步，直到狗碰到氣球才停止反應。如果有任何地方運作錯誤，請仔細檢查你的程式和書上寫的一不一樣。

20 下一步，幫蝙蝠增加與剛才幾乎一樣的程式。唯一不同之處是這次選的是鍵盤上的 z 鍵，且蝙蝠必須碰到屬於牠自己的終點。

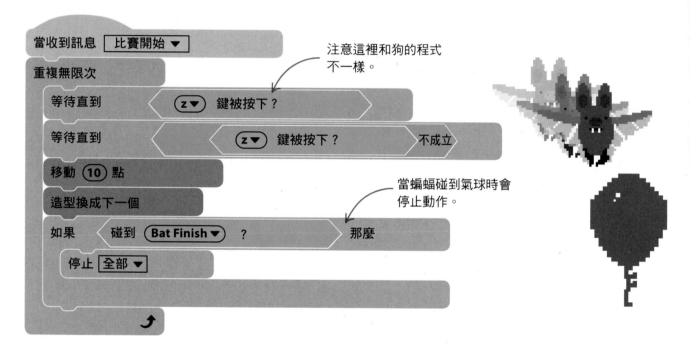

注意這裡和狗的程式不一樣。

當蝙蝠碰到氣球時會停止動作。

21 現在試試讓角色們比賽吧。你可能會發現某個角色的翅膀或鼻子比較突出，所以比較容易贏。你可以稍微調整起點與終點的位置，讓遊戲更公平。

將貓咪拖曳到角落，不要影響到參賽者。

改造與調整

這個遊戲非常簡單，你還能輕易增加功能，讓它變得更有趣。以下有一些建議，幫助你改造。在你開始調整之前，先複製一份專案，這樣就可以放心進行各種嘗試。

▷ 音效

在貓咪的程式增加「播放音效」積木，加入一段表示比賽開始的音效。貓咪已經預載了「Meow」的音效，但你可以點選「音效」標籤頁的喇叭圖示 🔊，從音效庫載入其他音效。

點開下拉選單，看看有哪些已載入這個角色的音效。

將 0 改成 4。

在1前面加入負號。

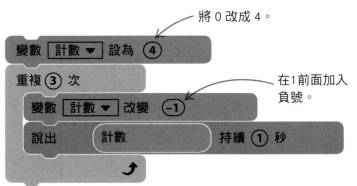

◁ 倒數

試著改變貓咪程式的中間部分，如左圖。你可以預測接下來會發生什麼事嗎？

我是最快的！

◁ 其他參賽者

何不增加更多動物一起比賽呢？從角色庫中找到有不同造型可做成動畫的角色，例如「Parrot」或「Butterfly 1」。為每個新角色設置「起點角色」和「終點角色」，並在程式中設定不同的按鍵來控制賽跑。如果你需要調整角色的大小，只要加入「尺寸設定」積木就行了。

▽ 具挑戰性的控制方式

你可以增加這個遊戲的難度，讓玩家必須交替按兩個鍵才能進行，而不只是重複按同一個按鍵。你只需要在第一段按鍵控制的程式碼後面，增加另一段等待第二個按鍵按下和放開的程式碼。從下圖可看到狗的程式如何調整。至於蝙蝠程式的修改也是一樣，只是第二個按鍵要用 x 鍵取代 n 鍵。

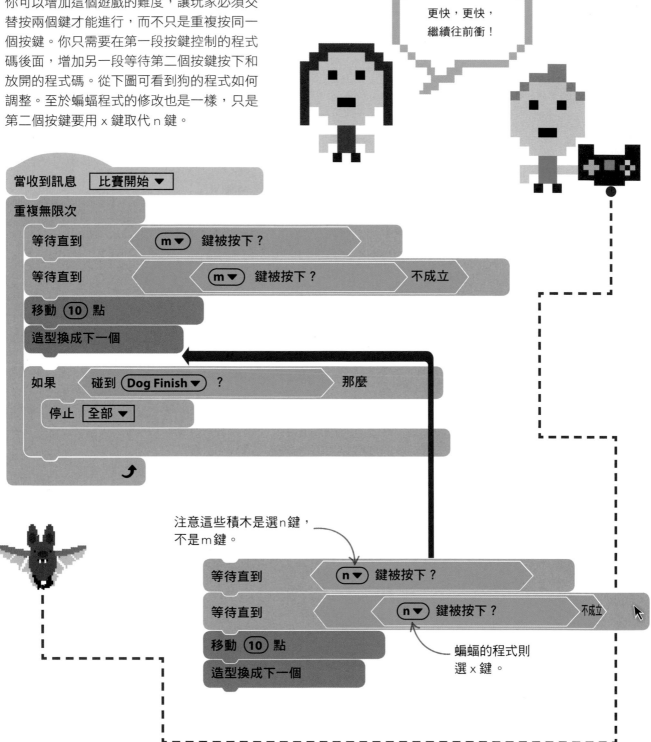

更快，更快，繼續往前衝！

當收到訊息　比賽開始 ▼

重複無限次

　　等待直到　　（m ▼）鍵被按下？

　　等待直到　　（m ▼）鍵被按下？　　不成立

　　移動 (10) 點

　　造型換成下一個

　　如果　碰到（Dog Finish ▼）？　　那麼

　　　　停止　全部 ▼

注意這些積木是選 n 鍵，不是 m 鍵。

等待直到　　（n ▼）鍵被按下？

等待直到　　（n ▼）鍵被按下？　　不成立

移動 (10) 點

造型換成下一個

蝙蝠的程式則選 x 鍵。

比賽的位置調整

如果結果很接近，其實有時候不太容易判斷到底是誰獲勝。為了解決這個問題，你可以讓動物們在遊戲結束時，顯示牠們的最終位置。

1 點選「變數」類別，點擊「建立一個變數」來創造一個新變數。取名為「位置」。

> **新的變數**　✕
>
> 新變數的名稱
>
> | 位置 |
>
> ◉ 適用於所有角色　○ 僅適用當前角色
>
> 取消　確定

2 接著在貓咪的程式下面增加一個「變數位置設為」積木，將數字改成 1。

> 說出 開始！
> 廣播訊息 比賽開始 ▼
> 　變數 位置 ▼ 設為 ①

數字改為1。

3 現在把狗程式的結尾依照下圖修改。你需要增加兩個新的積木，並選擇「停止」積木下拉選單中的另一個選項。對蝙蝠的程式做相同的改變。

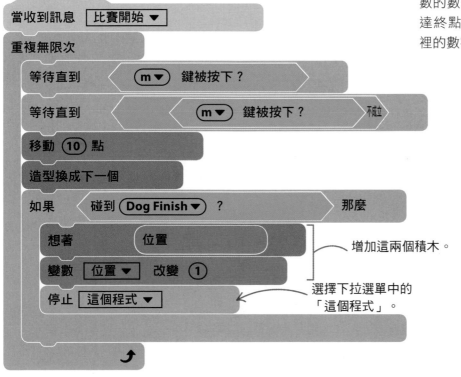

> 當收到訊息 比賽開始 ▼
> 重複無限次
> 　等待直到　（ m ▼ 鍵被按下？）
> 　等待直到　　　　　（ m ▼ 鍵被按下？ 不成立）
> 　移動 ⑩ 點
> 　造型換成下一個
> 　如果　碰到 Dog Finish ▼ ？　那麼
> 　　想著　　位置
> 　　變數 位置 ▼ 改變 ①
> 　　停止 這個程式 ▼

增加這兩個積木。

選擇下拉選單中的「這個程式」。

4 試試看。貓咪的程式將「位置」變數設為 1。第一個抵達終點的角色，會執行「想著位置」積木，出現寫著 1 的思考泡泡。這個程式接著會將位置變數的數值加 1，變成 2。第二個角色抵達終點並想著「位置」時，思考泡泡裡的數字就變成 2 了（依此類推）。

Gobo命運小精靈

你不知道怎麼下決定，或想要預測未來嗎？讓Gobo這個算命專案幫助你。你將在這裡學會如何產生隨機數字、變數，以及電腦程式如何做選擇。

點擊綠旗，開始執行專案。

點擊紅色按鈕，停止專案。

如何運作

Gobo邀請你問一個問題，它會回答「是」或「不是」。你可以問任何問題，像是「我會變成億萬富翁嗎？」或「我應該放下功課去玩電動嗎？」Gobo會先停頓，看起來像在思考，然後給出答案，不過它的回答其實是隨機的。

◁ Gobo
好相處的Gobo是這個專案裡唯一的角色。它有三個造型，你待會兒可以使用這些造型，讓它看起來栩栩如生。

◁ 放手一博
就像丟骰子產生隨機數字一樣，Scratch可產出隨機數字，讓程式出現無法預測的反應。

點擊這個圖示，離開
全螢幕模式。

◁ **問問題！**
如果你請Gobo幫忙預測或
做決定，它能做得很好。
但不要問它事實問題，它
通常會答錯！

執行專案時，Gobo
會使用對話框來和
你互動。

設置背景

專案通常從挑選角色和背景開始。跟著以下步驟，加入Gobo
角色，並載入適合的背景，為 Gobo 創造一個宏偉的場景吧！

1 開始一個新專案。找到角色列
表，點選貓咪角色右上角的刪除
按鈕來移除牠。

點擊這裡，刪
除角色。

2 點擊角色列表的角色圖示 🐱 ，搜
尋「Gobo」並點選載入，Gobo就
會出現在角色列表上。

Gobo

3 Gobo有點小，所以增加這段程
式讓它變大一點。執行專案，
看它變大。

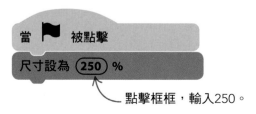

```
當 ▶ 被點擊
尺寸設為 250 %
```

點擊框框，輸入250。

4 Gobo回答問題時，應該要在一個嚴肅的場合。點
擊Scratch視窗右下角的背景圖示 🖼️，載入「Greek
Theater」背景。現在使用滑鼠將Gobo拖曳到舞台
中央。

5 現在，增加這些積木到Gobo的程式中，讓它在專案開
始時說話。執行這段新的程式，你會發現Gobo會在你
按下空白鍵前暫停。它現在還不會回答問題。

這個「說出」積木沒有
時間限制，會一直到下
個「說出」積木執行時
才消失。

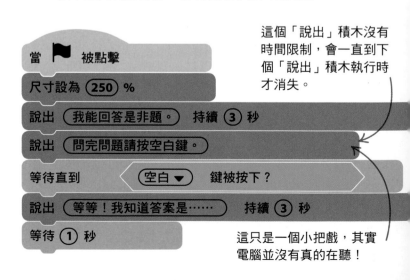

```
當 ▶ 被點擊
尺寸設為 250 %
說出 我能回答是非題。 持續 3 秒
說出 問完問題請按空白鍵。
等待直到 空白 ▼ 鍵被按下？
說出 等等！我知道答案是…… 持續 3 秒
等待 1 秒
```

這只是一個小把戲，其實
電腦並沒有真的在聽！

隨機選擇

電腦通常很容易預測。一般來說，用同樣的程式和輸入同樣的內容，你會得到同樣的結果。但這個專案不想要如此運作，Gobo的程式會使用「隨機數字」來打亂這一切。

6 你需要增加多一點積木來創造Gobo的答案。我們將兩種回答設為編號 1 和 2，Gobo 將會回答其中之一。

是！

不是！

回答編號 = 1　　回答編號 = 2

8 接著會彈出一個小視窗。在輸入框中輸入「回答編號」，為新的變數命名，點擊「確定」。

新的變數 ✕

新變數的名稱

回答編號

在這裡輸入變數名稱。

● 適用於所有角色　○ 僅適用當前角色

取消　確定

7 這個程式會使用一個叫做「回答編號」的變數，用來儲存程式自動選擇的回答編號，並呈現出對應的正確文字。選擇積木區下方的深橘色「變數」積木，點選「建立一個變數」按鈕，就可以新增一個變數。

點擊這裡。

程式　造型　音效

動作
外觀
音效
事件
控制
偵測
運算
變數
函式積木

變數

建立一個變數

☐ my variable

變數 my variable ▼ 設為 (0)

變數 my variable ▼ 改變 (1)

變數 my variable ▼ 顯示

變數 my variable ▼ 隱藏

建立一個清單

函式積木

建立一個積木

9 現在你會看到新的變數積木跟著其他積木一起出現在「變數」積木中。

若這裡有打勾，舞台上就會顯示這個變數的值。現在讓它維持被勾選。

這個積木是用來將數值寫入變數中。

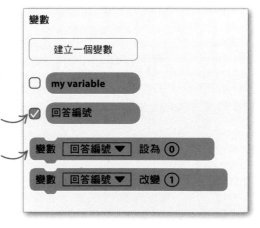

變數

建立一個變數

☐ my variable

☑ 回答編號

變數 回答編號 ▼ 設為 (0)

變數 回答編號 ▼ 改變 (1)

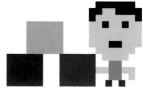

專家技巧

隨機數字

隨機數字是指在出現前,無法預測結果的數字。丟骰子就是一種隨機數字,每次你丟骰子時,數字一到六都有可能出現。直到你丟了骰子,你才會知道結果是什麼數字。在Scratch中,你可以使用「隨機取數」積木來產生隨機數字。將這個積木拖曳到程式區並實驗看看。

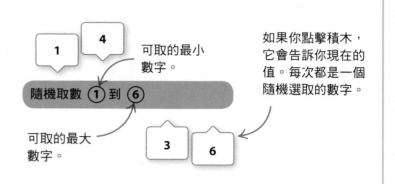

可取的最小數字。

可取的最大數字。

如果你點擊積木,它會告訴你現在的值。每次都是一個隨機選取的數字。

10 變數會存放Gobo的回答編號,但程式需要能隨機選取數字的方法。在Gobo程式的下方增加一個「變數設為」積木。點開下拉選單,選擇「回答編號」,再從「運算」類別拉出綠色的「隨機取數」積木,將第二個數字改為 2。這個綠色積木會在 1 和 2 之間隨機取數,就像丟銅板一樣。

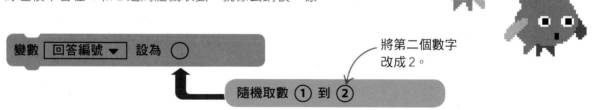

將第二個數字改成 2。

11 接著將這個積木接在程式下方。當變數「回答編號」的值是 1 時,Gobo就會回答「是!」。「説出」積木只會在數值是 1 時才執行,否則就會跳過不執行。

將這個積木接在Gobo的程式下方。

12 現在試著執行幾次專案。大約會有一半的次數,Gobo會說「是!」,另外一半則不會説任何話。如果你觀察舞台最上方,就會看到變數「回答編號」為 1 時,你會得到「是!」的回答,當數字是 2 時,你就得不到答案。增加右邊的程式,讓Gobo在變數值是 2 時説出「不是!」。

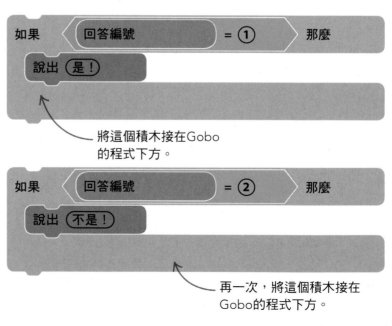

再一次,將這個積木接在Gobo的程式下方。

13 現在程式應該像下面這樣。執行幾次專案，確認Gobo會隨機出現「是！」和「不是！」的答案。如果沒有隨機出現，請仔細確認程式。

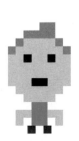

等等！我知道答案是……

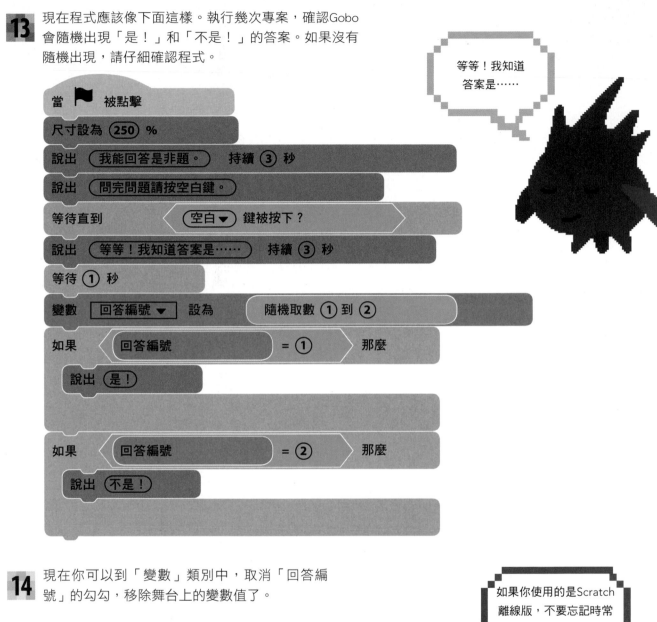

當 🚩 被點擊

尺寸設為 250 %

說出 我能回答是非題。 持續 3 秒

說出 問完問題請按空白鍵。

等待直到 ⟨ 空白▼ 鍵被按下？ ⟩

說出 等等！我知道答案是…… 持續 3 秒

等待 1 秒

變數 回答編號▼ 設為 隨機取數 1 到 2

如果 ⟨ 回答編號 = 1 ⟩ 那麼

　說出 是！

如果 ⟨ 回答編號 = 2 ⟩ 那麼

　說出 不是！

14 現在你可以到「變數」類別中，取消「回答編號」的勾勾，移除舞台上的變數值了。

如果你使用的是Scratch離線版，不要忘記時常儲存你的作品。

變數

建立一個變數

☐ **my variable**

取消勾選。→ ☐ 回答編號

15 現在試著透過你的專案，回答
一些關鍵問題來預測未來吧！

做更多決定

你已經知道如何使用包含問題的「如果……那麼」積木來決定要不要執行後面的程式。在這個專案裡，你在「如果……那麼」積木裡使用到綠色「運算」積木，來確認變數的值。淺藍色的提問積木會有「是」或「否」的答案，但使用綠色積木時，你必須先確認內容所說的成不成立。

有三個不同的綠色積木能用來比較數值，每個都有不同的功用和符號：＝（等於），＞（大於）和＜（小於）。工程師將這些放在「如果……那麼」積木裡的是非判斷式稱為「布林條件」。它們是以英國數學家喬治‧布爾（1815-1864）命名的。

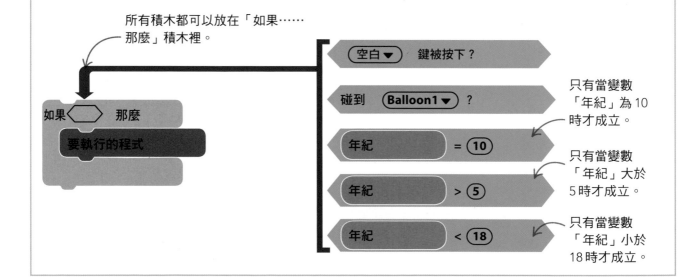

改造與調查

隨機數字不只能用來回答是非題,還有更多玩法。試著探索更多可能性吧。

▽ 問我其他問題

要讓Gobo在第一個問答後回答更多問題,可以將原來的程式放入「重複無限次」迴圈裡,就像這裡呈現的一樣。另外再加幾個積木,讓Gobo提示使用者問新的問題。

插入原來的程式

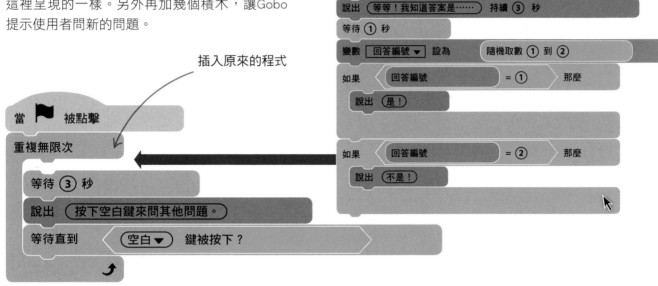

```
尺寸設為 (250) %
說出 (我能回答是非題。) 持續 (3) 秒
說出 (問完問題請按空白鍵。)
等待直到    (空白▼) 鍵被按下?
說出 (等等!我知道答案是……) 持續 (3) 秒
等待 (1) 秒
變數 (回答編號▼) 設為    隨機取數 (1) 到 (2)
如果    (回答編號)    = (1)    那麼
    說出 (是!)

如果    (回答編號)    = (2)    那麼
    說出 (不是!)
```

```
當 ▶ 被點擊
重複無限次
    等待 (3) 秒
    說出 (按下空白鍵來問其他問題。)
    等待直到    (空白▼) 鍵被按下?
```

▷ 特殊效果

你可以將Gobo的回答變得更有趣。何不順便讓Gobo每次回答時都換個顏色或造型呢?你也可以在它的回答加上音效、讓它跳舞或轉一圈。

你怎麼敢問這個問題!

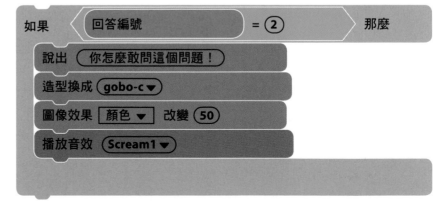

```
如果    (回答編號)    = (2)    那麼
    說出 (你怎麼敢問這個問題!)
    造型換成 (gobo-c▼)
    圖像效果 [顏色▼] 改變 (50)
    播放音效 (Scream1▼)
```

▽**更多回答**

你可以增加回答的編號，增添更多趣味。只要將「隨機取數」積木
中的最大數值變大，增加選擇的數量，並增加更多包含「說出」積
木的「如果……那麼」積木。這個範例有六個可能的回答，而你可
以自己決定要增加多少。

把 2 改成 6。這個數字必須和
你設定的回答數量一樣，不然
有些回覆永遠不會出現。

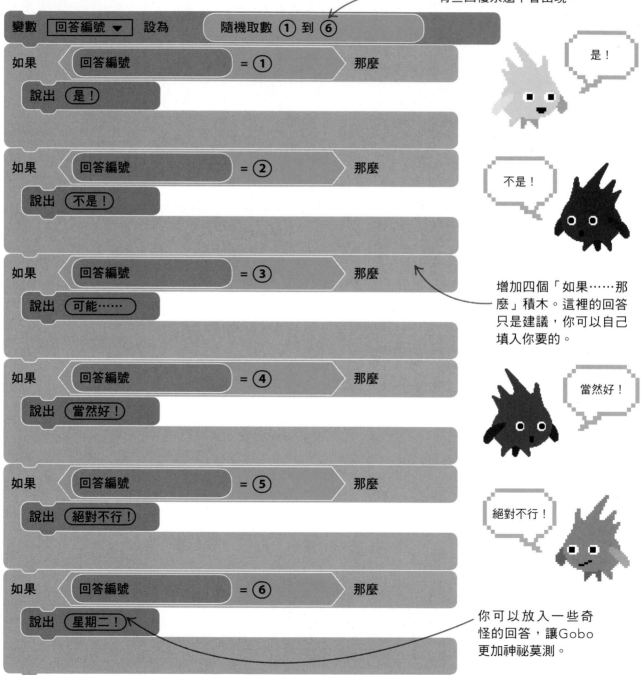

變數　回答編號▼　設為　隨機取數 ① 到 ⑥

如果　回答編號 = ① 那麼
　說出 是！

是！

如果　回答編號 = ② 那麼
　說出 不是！

不是！

如果　回答編號 = ③ 那麼
　說出 可能……

增加四個「如果……那
麼」積木。這裡的回答
只是建議，你可以自己
填入你要的。

如果　回答編號 = ④ 那麼
　說出 當然好！

當然好！

如果　回答編號 = ⑤ 那麼
　說出 絕對不行！

絕對不行！

如果　回答編號 = ⑥ 那麼
　說出 星期二！

你可以放入一些奇
怪的回答，讓Gobo
更加神祕莫測。

▽ 數數的小馬

不必受限於是非題，你也可以用隨機數字來回答像是「我幾歲？」或「我的智商是多少？」這類的問題。開始一個新專案，載入「Horse」角色，然後增加下方程式，讓牠踏著馬蹄告訴你答案。你也可以從音效庫加入一些小馬的音效。

不要忘了點選舞台上方的全螢幕按鈕！ ▦

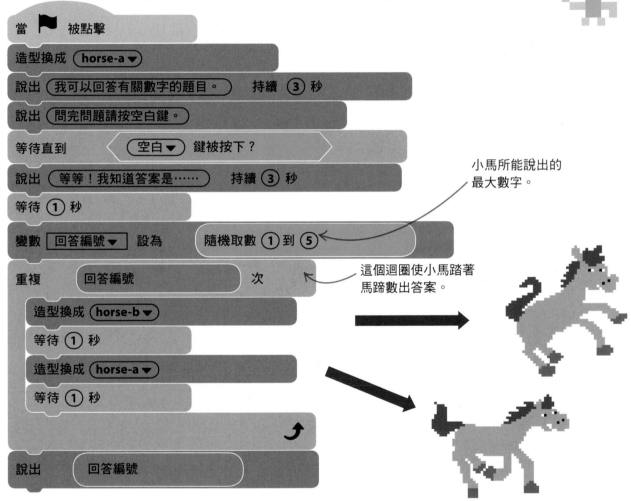

當 ⚑ 被點擊

造型換成 horse-a ▼

說出 我可以回答有關數字的題目。 持續 3 秒

說出 問完問題請按空白鍵。

等待直到 空白 ▼ 鍵被按下？

說出 等等！我知道答案是…… 持續 3 秒

等待 1 秒

變數 回答編號 ▼ 設為 隨機取數 1 到 5 ◀── 小馬所能說出的最大數字。

重複 回答編號 次 ◀── 這個迴圈使小馬踏著馬蹄數出答案。

　造型換成 horse-b ▼

　等待 1 秒

　造型換成 horse-a ▼

　等待 1 秒

說出 回答編號

▷ 照我說的做！

除了回答問題，Gobo還可以給予隨機指令，像是「上下樓梯」、「往上跳兩次」或「唱一首有名的歌」。只要將「說出」積木的文字改成Gobo下的指令就行了。你也可以改變Gobo的表情以符合它的情緒。

來散步吧！

自創角色

在Scratch中，你不必拘泥於角色庫中的角色，可以自己畫角色來獲得很多樂趣。自己創造角色能讓你的專案變得獨一無二。在這個專案中，你可以大膽的畫出臉上的特徵和其他配件，自己組出一張臉。

如何運作

這個專案一開始會有一張空白的臉，周圍還有眼睛、鼻子和其他物件，你可以拖曳到臉上，做出瘋狂的表情。點擊綠旗就可以重設臉部，重新開始。

你最多可以增加到11顆眼睛，不過大多數的角色只會有一對。

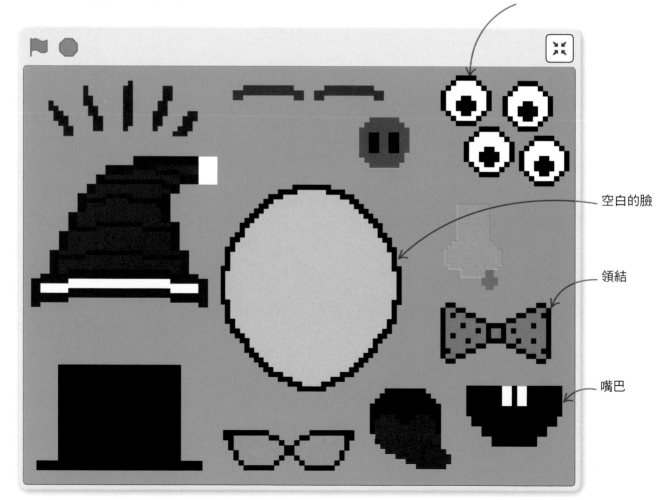

空白的臉

領結

嘴巴

△ 有趣、更有趣，好玩到爆！

這個專案會大量發揮你的創造力和想像力。你
不用依照人類的臉部設計，你可以創造外星
人、怪物或其他任何角色。

開始畫畫

丟掉那些現成角色，現在我們要來畫畫了。Scratch內建了很好的繪圖編輯器，所以你擁有創作所需的所有工具，可以創造出組成身體和衣著配件的迷你傑作。

1 開始一個新專案，對角色列表的貓咪角色按右鍵，點選「刪除」來移除角色。你將要設計自己的角色了，請在角色選單上點選畫筆圖示 🖌，創造第一個角色。

繪畫

點選這裡，打開繪圖編輯器。

2 打開Scratch繪圖編輯器，你可以使用上面的工具來畫出屬於自己的角色。確認左下方選擇的是「轉換成點陣圖」。

上一步
下一步

造型　costume1

選擇的顏色　填滿

10

筆刷　　　線條

圓形　　　方形

文字　　　用這個工具將形狀填滿顏色。

擦子　　　用這個工具選取部分的繪圖。

🖼 轉換成向量圖

3 點選繪圖工具左上角的筆刷。按住滑鼠畫一個橢圓形，這就是頭部。頭部中心點應該要在繪圖區中心的十字附近。

讓十字在這個形狀的中間。

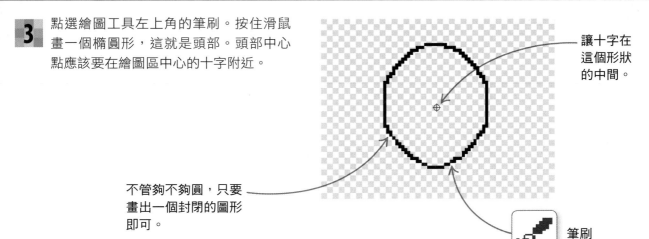

不管夠不夠圓，只要畫出一個封閉的圖形即可。

筆刷

4 選擇填滿工具，圖示看起來像個正在倒出的油漆桶。點選左上方的「填滿」標籤，選擇臉部的顏色。接著點擊頭部裡面，將你選的顏色填滿。

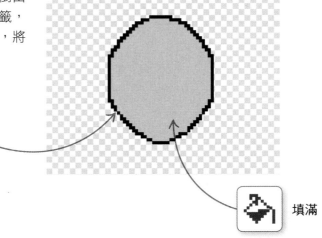

如果不小心把顏色填滿到背景區，點擊上一步並檢查臉部的輪廓線有沒有連成封閉區域。

填滿

在這裡改變名稱。

5 做得好！你已經畫好角色的頭部了！最後一步是在角色列表上方的資訊區，將這個角色的名稱從Spirte1改成「頭部」。

6 執行專案時，頭部必須在舞台的中央。專案會在開始時，將所有角色在螢幕上就定位，以保持整齊。點擊「程式」的標籤頁，將下列積木拖到程式區，就可以幫頭部定位。

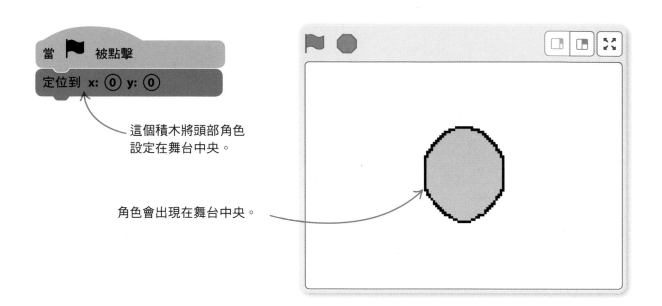

這個積木將頭部角色設定在舞台中央。

角色會出現在舞台中央。

專家技巧

座標

你可以使用稱為「座標」的兩個數字，來定位舞台上的任何位置。x 座標會先寫，告訴你舞台的水平位置。y 座標寫在後面，告訴你舞台垂直方向的高低。x 座標是從 -240 到 240。y 座標是從 -180 到 180。座標通常會寫成（x，y）。舉例來說，右圖的領結角色中心的座標是（215，90）。

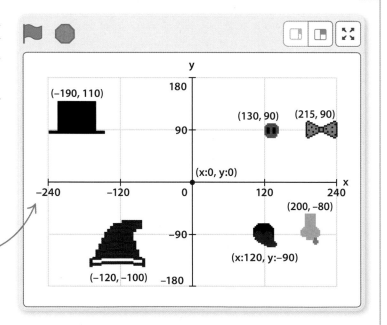

舞台上的每一個點都有一個特定的座標，可以精確的定位角色的位置。

創作更多角色

自創角色專案中，有愈多不同的眼睛、鼻子、嘴巴、耳朵、帽子和其他配件，你就能創作出愈滑稽的臉，所以多花點時間，畫愈多愈好。這個過程很好玩。你也可以從Scratch角色庫中找一些有用的圖，像是帽子和太陽眼鏡。這個專案可以不用進行舞台設計。

7 跟著步驟 7 到 11 來創造屬於你的物件。點選角色選單的畫筆圖示 ✏ 來創造新角色。參考這一頁提供的技巧，使用繪圖編輯器來畫畫。

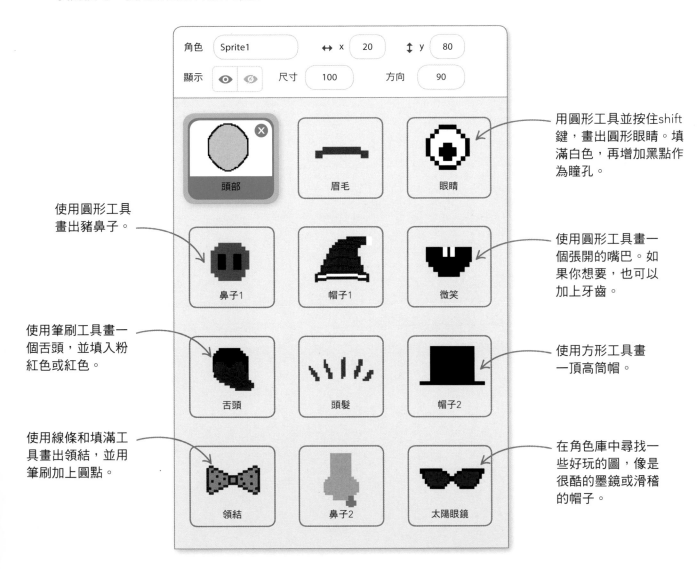

用圓形工具並按住shift鍵，畫出圓形眼睛。填滿白色，再增加黑點作為瞳孔。

使用圓形工具畫出豬鼻子。

使用圓形工具畫一個張開的嘴巴。如果你想要，也可以加上牙齒。

使用筆刷工具畫一個舌頭，並填入粉紅色或紅色。

使用方形工具畫一頂高筒帽。

使用線條和填滿工具畫出領結，並用筆刷加上圓點。

在角色庫中尋找一些好玩的圖，像是很酷的墨鏡或滑稽的帽子。

角色　Sprite1　　↔ x 20　　↕ y 80

顯示　👁　∅　　尺寸 100　　方向 90

頭部　眉毛　眼睛

鼻子1　帽子1　微笑

舌頭　頭髮　帽子2

領結　鼻子2　太陽眼鏡

8 點選角色列表中的每一個角色，幫它們取上有意義的名字。

在這裡輸入角色的名字。

9 每畫完一個角色，就拉到舞台上，放在臉部以外的地方，作為起始位置。不用擔心角色彼此有點重疊。

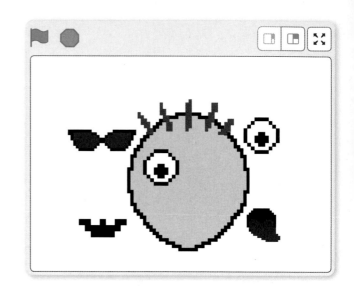

10 想要新角色在執行專案時出現在正確位置上，就用滑鼠將它拖拉到起始位置，並加入下方的程式。積木區裡的「定位」積木會自動呈現出角色當前的座標位置。

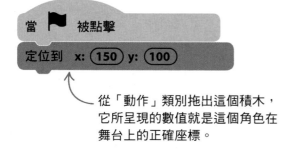

從「動作」類別拖出這個積木，它所呈現的數值就是這個角色在舞台上的正確座標。

11 回到步驟 7 並重複這幾個步驟，直到你設定好所有角色。

嘿，這是一個迴圈！

12 現在加入一個空白背景。找到角色
列表右邊的背景區，移動滑鼠到「
選個背景」上。選擇繪畫圖示 ✏ 來
畫一個新背景。從調色盤選一個顏
色，使用填滿工具將整個白色區塊
都填上這個顏色。

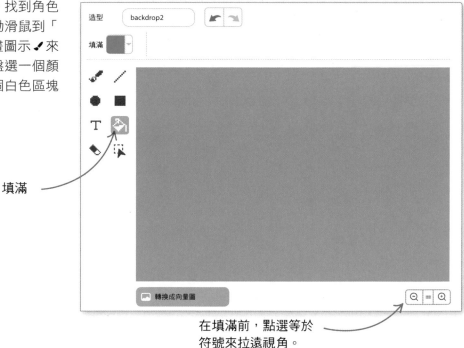

填滿

轉換成向量圖

在填滿前，點選等於
符號來拉遠視角。

建立分身

你可能會想要重複使用一些角色，例如你的表情如果有
十個眼睛，或許會比只有兩個眼睛來得好笑。Scratch能
讓你直接「複製」一個角色的所有設定。

13 將以下這個迴圈積木加入眼睛的程
式裡，複製出十個眼睛。現在執行
專案，你就會有 11 個眼睛了！

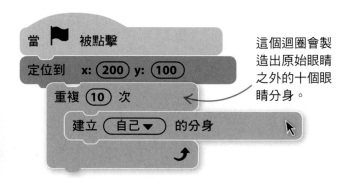

當 🚩 被點擊
定位到 x: (200) y: (100)
重複 (10) 次
　建立 (自己▼) 的分身

這個迴圈會製
造出原始眼睛
之外的十個眼
睛分身。

專家技巧

分身

分身的功能有點像之前在貓咪藝術家中使用的
「蓋章」積木。但「蓋章」只是在背景上蓋印
出圖樣，而「建立分身」積木則是製造一個完
整的角色。分身功能很好用，你將在之後的專
案中學到。

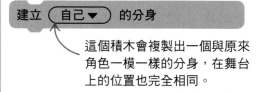

建立 (自己▼) 的分身

這個積木會複製出一個與原來
角色一模一樣的分身，在舞台
上的位置也完全相同。

改造與調整

自創角色專案可以做很多好玩的延伸。創造更多搞笑的角色，
並想想怎麼讓角色動起來。最後，你還可以為作品裱框！

▽ 特殊效果

看不到太陽眼鏡後面的眼睛嗎？用幻影
效果讓鏡片變透明，就不再是問題。你
可以在「外觀」類別中找到「圖像效果
顏色設為」積木，將「顏色」改成選單
中的「幻影」。

增加數值，讓太陽
眼鏡變得更透明。

圖像效果 幻影 ▼ 設為 (30)

▽ 旋轉領結

讓你的角色動起來，看起來栩栩如生。增
加「旋轉」積木到「重複無限次」迴圈
中，就能讓領結不停旋轉。

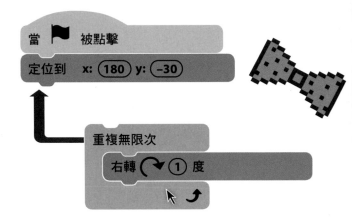

當 ▬ 被點擊
定位到　x: (180) y: (-30)

重複無限次
右轉 ↻ (1) 度

▽ 流鼻涕

幫鼻子角色創造兩個有綠色液體的新造型，
讓噁心的綠鼻涕從鼻孔流下來。加入下方積
木，讓鼻涕流下來。

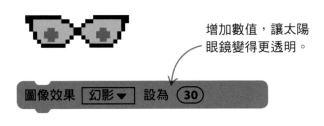

當 ▬ 被點擊
定位到　x: (190) y: (25)

造型換成 (costume1 ▼)
重複無限次
等待 (1) 秒
造型換成下一個

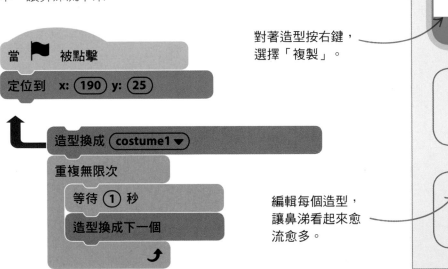

對著造型按右鍵，
選擇「複製」。

costume1
53 x 55

costume2
53 x 59

編輯每個造型，
讓鼻涕看起來愈
流愈多。

costume3
53 x 65

為作品裱框

參考以下步驟,為有趣的表情裱一個整齊的外框。

1 點選角色選單上的畫筆圖示 ✏️,打開繪圖編輯器來創造新角色。開始畫之前,點開「程式」標籤頁,為這個角色加入下方的程式積木。這串程式一開始會先隱藏角色,當你按下空白鍵時角色才會出現,並在你按下 c 鍵時又消失。

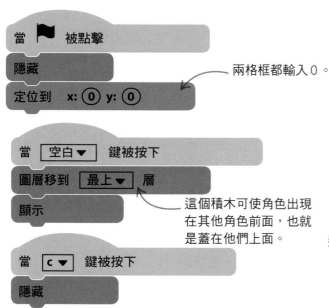

← 兩格框都輸入 0。

這個積木可使角色出現在其他角色前面,也就是蓋在他們上面。

3 現在請執行專案。創作一個搞笑的臉,然後確定你可以用空白鍵和 c 鍵讓框出現和消失。

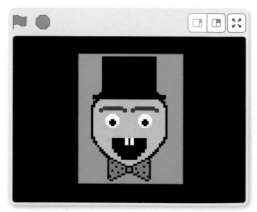

2 執行專案讓角色出現在中央。接下來,點選「造型」標籤頁,回到繪圖編輯器。選擇黑色並用填滿工具塗黑整個白色區域。接著使用選取工具在中間拉一個長方形,按下鍵盤的 delete 鍵來挖出一個洞。現在請確認舞台上的框架形狀是不是正確,若有需要就再做調整。

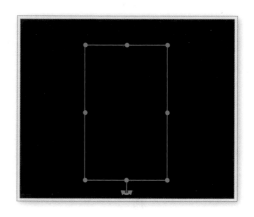

選取工具 ←  → 填滿工具

■ ■ ■ **試試看**

來點不同的嘗試

你可以活用這個專案來創作任何角色,例如雪人、聖誕樹,甚至是怪獸和外星人!

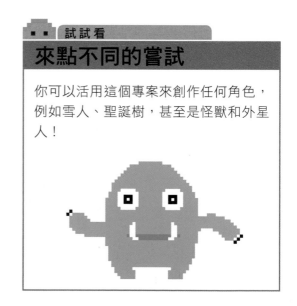

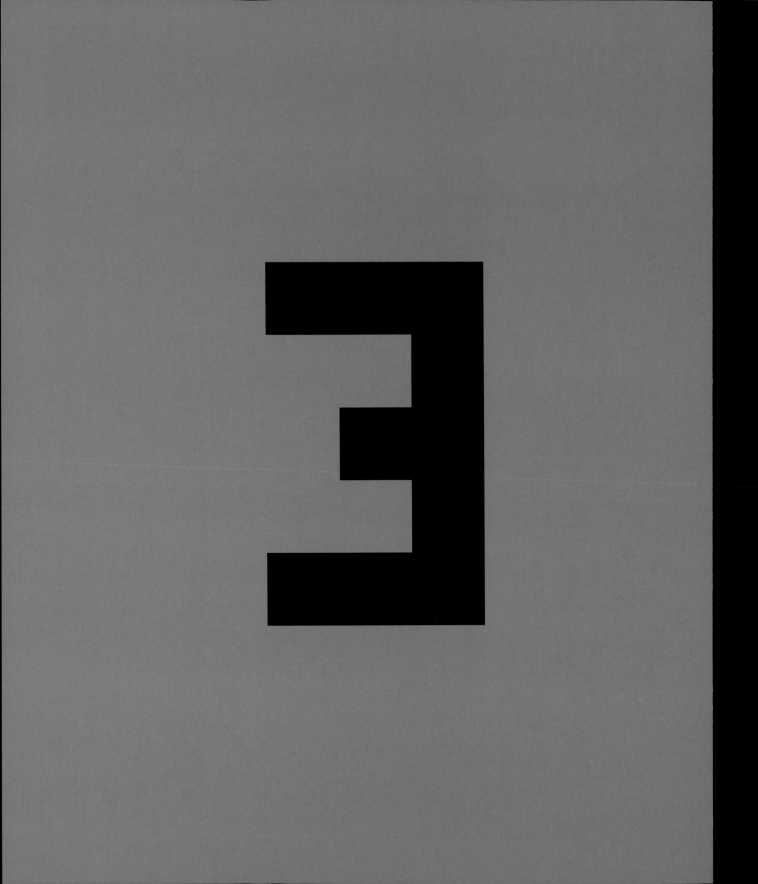

畫畫時間

自製生日卡片

生日時，如果能擁有一場視聽動畫饗宴，誰還會想要普通的生日卡片呢？Scratch是製作生日卡片的超棒工具。這張卡片有會唱歌的鯊魚，你還可以改造這個專案，為其他人做出專屬於他們的卡片。

如何運作

當你執行這個專案時，會出現一個神祕的綠色閃光按鈕。按下按鈕，生日卡片動畫就會填滿整個螢幕，裡頭包含了唱歌鯊魚。鯊魚們會輪流唱「生日快樂歌」。

舞台的背景填滿了氣球。

生日

祝你生日快樂！

鯊魚會從上面掉下來，然後唱「生日快樂」。

只在你生日時按下！

點擊按鈕，打開生日卡片。

上方的生日旗動畫會左右晃動。

按下這個鈕，以全螢幕模式執行專案。

蛋糕會從舞台邊緣滑進來。

△ 四處滑行

這個專案會用到「滑行」積木，讓角色在舞台上滑順的移動。你必須使用Scratch座標系統，設定每次滑行的確切起始與結束位置。如果你忘記座標怎麼運作，可以回頭查看「自創角色」專案。

△ 掌握時間

就像「動物方程式」一樣，這個專案利用一個角色傳訊給另一個角色，藉此控制程式積木的執行時間點。這些唱歌鯊魚會來回傳遞訊息，以此抓好牠們各自唱生日快樂歌的時間。

生日按鈕

為了避免破壞生日卡片的驚喜，專案執行時只會出現一則
訊息和一個按鈕，讓壽星按下去。

1 開始一個新專案。對角色列
表的貓咪角色按右鍵，選擇
「刪除」。從角色庫中載入
「Button1」角色。

Button1

3 為了加入「只在你生日時按
下！」，你必須編輯背景。
首先，點擊角色列表右邊的
小白框來選取舞台。接著點
選積木區上方的「背景」標
籤頁。

2 將下面這兩組程式積木加到Button1的程式中。第
一組是讓按鈕顯示在舞台中央，並在專案開始執行
時閃爍。第二組是在按鈕按下後執行，使按鈕消失
並傳送訊息啟動卡片接下來的程式。加入「廣播訊
息」積木後，點開下拉選單並選擇「新的訊息」，
將新訊息取名為「啟動！」。

這個積木將按鈕定
位在舞台中央。

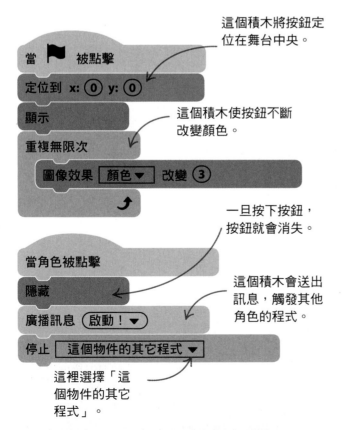

```
當 ▶ 被點擊
定位到 x: ( 0 ) y: ( 0 )
顯示
重複無限次
    圖像效果 顏色▼ 改變 ( 3 )
    ↻
```

這個積木使按鈕不斷
改變顏色。

```
當角色被點擊
隱藏
廣播訊息 ( 啟動！▼ )
停止 這個物件的其它程式▼
```

一旦按下按鈕，
按鈕就會消失。

這個積木會送出
訊息，觸發其他
角色的程式。

這裡選擇「這
個物件的其它
程式」。

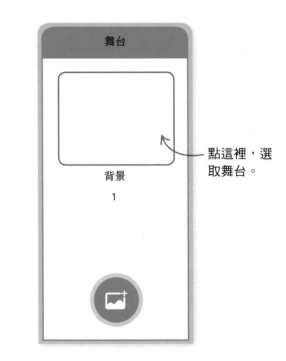

舞台

背景
1

點這裡，選
取舞台。

驚喜！

4 現在，Scratch 的繪圖編輯器打開了。選擇文字工具 **T**，接著在右邊
空白處，距離頂端約高度三分之一的地方點一下。輸入文字「只在你
生日時按下！」。如果你想要重新輸入文字，可以用選取工具拉出一
個方框把文字框住，按下刪除鍵（鍵盤上的delete）再重新開始。

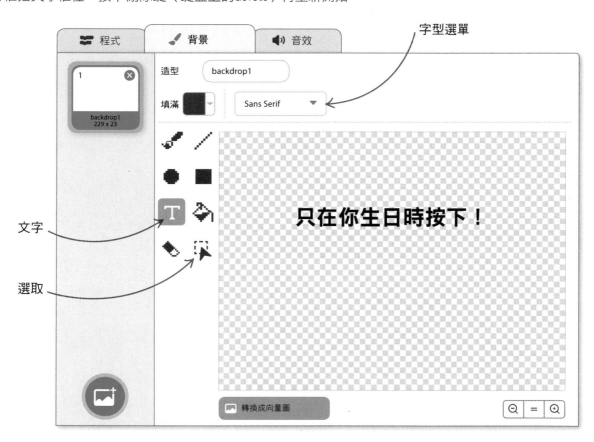

5 你可以在繪圖編輯器上方的字型選單選字
型。如果是輸入英文字母，「Sans Serif」
這個字型很適合用在生日卡片上。

6 使用選取工具，隨你縮放
或移動文字。

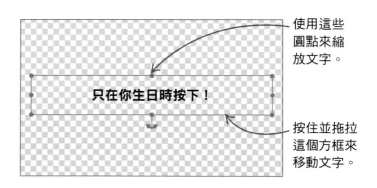

7　你需要為卡片選一個不同的背景。點擊視窗右下方的背景圖示 ⬚ ，從背景圖庫中選一個新背景。現在先選擇「Party」背景。

點擊這裡，打開背景圖庫。

選個背景

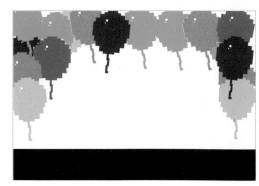

8　確定你選取的仍是視窗右下角的舞台，不是選取角色。點選積木區上方的「程式」標籤頁，將右邊的積木加入舞台的程式中。現在試著執行專案，看看你按下按鈕時會發生什麼事。

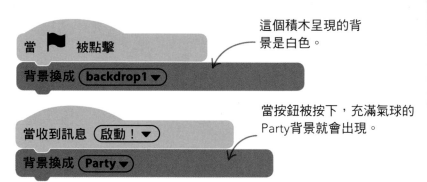

當 🏳 被點擊
背景換成 backdrop1 ▼

這個積木呈現的背景是白色。

當收到訊息 啟動！ ▼
背景換成 Party ▼

當按鈕被按下，充滿氣球的 Party 背景就會出現。

拿出蛋糕

按下按鈕，卡片就打開了。按鈕的程式會廣播訊息「啟動！」給所有角色，觸發後續的動畫和音樂。

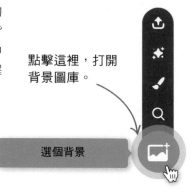

9　除了卡片，生日還需要什麼呢？那就是蛋糕！點擊角色列表的角色圖示 😺 ，將「Cake」角色載入專案。

Cake

10　如果你查看視窗上方的「音效」標籤頁，你會發現「Birthday」音效已自動載入。

　📇 程式　　✏ 造型　　🔊 音效

音效　　Birthday

1
🔊
Birthday
7.32

11 我們想要蛋糕從舞台的左邊滑進來。如果我們將蛋糕的起始位置設定在（-240, -100），蛋糕會有一半露出來，因為蛋糕的定位是以蛋糕中心點為基準。由於我們無法將角色完全放在舞台外面，因此我們可以設定在（-300, -100），這樣蛋糕就只會露出一點點。

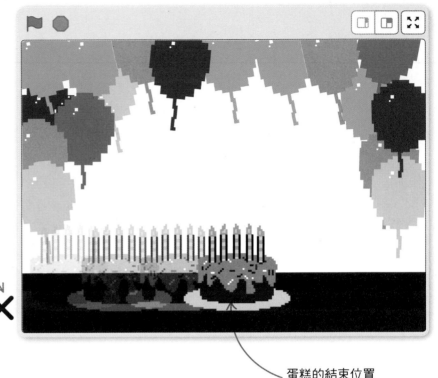

蛋糕的起始位置是
（-300, -100）。

✕

蛋糕的結束位置
是（0, -100）。

12 將以下兩組程式積木加入蛋糕的程式中，如此一來，當專案開始執行，蛋糕會隱藏；綠色按鈕被按下時，蛋糕會從舞台左邊滑行進來。注意蛋糕會廣播一則新訊息，叫做「歌詞1」。等會兒你會使用它來讓其中一隻鯊魚唱生日快樂歌的第一句歌詞。

一開始，蛋糕
是隱藏的。

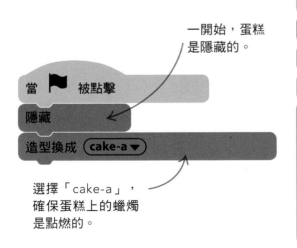

選擇「cake-a」，
確保蛋糕上的蠟燭
是點燃的。

這是蛋糕的起始
位置，位在左舞
台的外面。

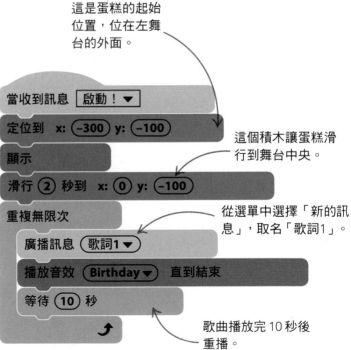

這個積木讓蛋糕滑
行到舞台中央。

從選單中選擇「新的訊
息」，取名「歌詞1」。

歌曲播放完 10 秒後
重播。

生日旗

接下來要做一個會左右搖擺的生日旗來
營造派對氛圍。

點選這個
圖示。

13 旗子也是一個角色,但這次你要畫一個新角
色,而不是從角色庫中載入。點選角色選單中
的繪畫 ✏ ,打開繪圖編輯器。角色列表會出現
一個新角色,將它命名為「旗子」。

14 在繪圖編輯器中畫你的生日旗。確定你已選
「轉換成點陣圖」。使用方形工具創造一面
旗子,無論填滿顏色或只有外框都可以。接
著使用文字工具,輸入「生日快樂!」,試
試你喜歡的字型與顏色。使用選取工具定位
文字,或將旗子縮放成適當大小。

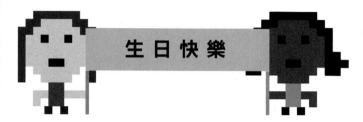

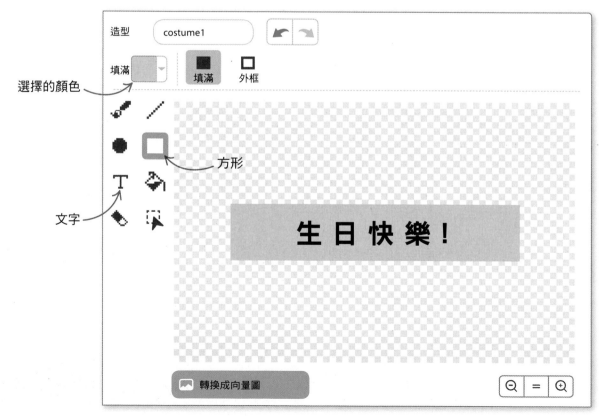

15 現在點選「程式」標籤頁，將下面兩組程式
積木加入旗子的程式中。這些積木會讓旗子
在按鈕按下之後才出現，並且讓旗子左右晃
動。執行專案來確認運作正不正常。

旗子一開始有點往
逆時鐘方向傾斜。

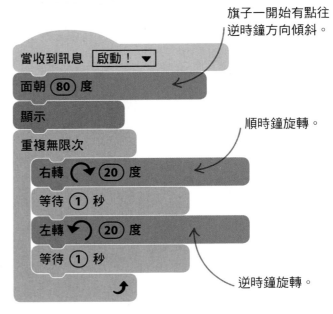

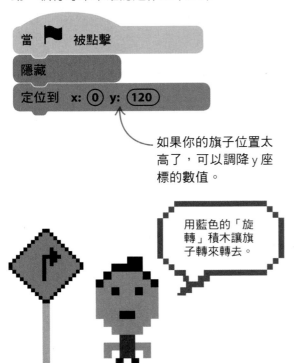

如果你的旗子位置太
高了，可以調降 y 座
標的數值。

順時鐘旋轉。

用藍色的「旋
轉」積木讓旗
子轉來轉去。

逆時鐘旋轉。

專家技巧

方向

Scratch是用度數來設定角色的
方向。從-179°到180°都可以
填。記住，負數是讓角色往左
轉，正數是讓角色往右轉。0°
是讓角色面朝上，180°則是讓
角色面朝下。

-90°是讓角色
面朝左方。

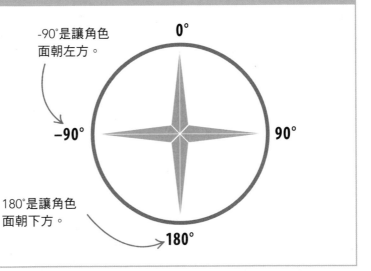

180°是讓角色
面朝下方。

唱歌的鯊魚

什麼是最動人的生日驚喜結尾呢？當然是……唱歌的鯊魚
囉！這兩隻鯊魚會輪流唱歌，一隻鯊魚唱完一句歌詞後，傳
遞訊息請另一隻鯊魚唱下一句。

點擊這裡，為角
色重新命名。

16 點選角色列表上的角色圖示 🐱，加入
「Shark2」角色。你需要兩隻鯊魚，所
以先將第一隻重新命名為「Shark1」。
對著第一隻鯊魚角色按右鍵（或按住
control鍵並點擊），選擇「複製」，就
能創造出第二隻鯊魚了。這隻新角色會
自動命名為「Shark2」。

點選這裡，創造
第二隻鯊魚。

17 現在將下列程式加入 Shark1 角色中。執行
專案時，Shark1 會先隱藏在舞台的左上方。
當牠收到「啟動！」的訊息，就會出現並向
下滑行到舞台底部。

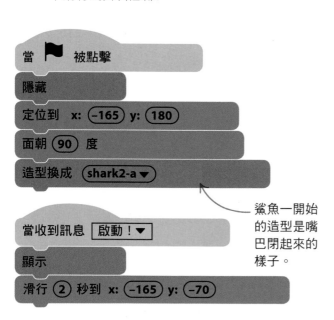

當 🏳 被點擊
隱藏
定位到　x: (-165) y: (180)
面朝 (90) 度
造型換成 (shark2-a ▼)

鯊魚一開始
的造型是嘴
巴閉起來的
樣子。

當收到訊息 [啟動！▼]
顯示
滑行 (2) 秒到　x: (-165) y: (-70)

18 將下列程式加入 Shark2 角色中。執行專案
來測試一下。

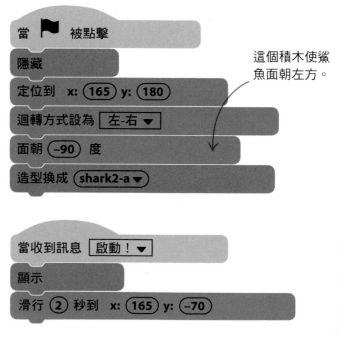

當 🏳 被點擊
隱藏
定位到　x: (165) y: (180)
迴轉方式設為 [左-右 ▼]
面朝 (-90) 度
造型換成 (shark2-a ▼)

這個積木使鯊
魚面朝左方。

當收到訊息 [啟動！▼]
顯示
滑行 (2) 秒到　x: (165) y: (-70)

19 是時候讓鯊魚們唱歌了。還記得在蛋糕角色中，用來播放「生日快樂歌」的迴圈嗎？它會在每次歌曲開始時，送出訊息「歌詞1」。將下方左邊的程式加入 Shark1，右邊的程式加入 Shark2，讓他們對接收到的訊息做反應。這些訊息會讓他們不斷輪流唱下去。你需要為每一句歌詞新增訊息，請在「廣播訊息」積木的下拉選單中為新訊息命名。

Shark1

當收到訊息 歌詞1 ▼
造型換成 shark2-b ▼
說出 祝你生日快樂！ 持續 2 秒
造型換成 shark2-a ▼
廣播訊息 歌詞2 ▼

Shark2

當收到訊息 歌詞2 ▼
造型換成 shark2-b ▼
說出 祝你生日快樂！ 持續 2 秒
造型換成 shark2-a ▼
廣播訊息 歌詞3 ▼

當收到訊息 歌詞3 ▼
造型換成 shark2-b ▼
說出 喬伊生日快樂！ 持續 2 秒
造型換成 shark2-a ▼
廣播訊息 歌詞4 ▼

可在這裡輸入壽星的名字。

當收到訊息 歌詞4 ▼
造型換成 shark2-b ▼
說出 祝你生日快樂！ 持續 2 秒
造型換成 shark2-a ▼

哇！謝謝！

20 生日卡片完成了。點選舞台上方的全螢幕圖示，為壽星執行專案吧！

改造與調整

你可以為不同人和不同場合客製化卡片。你也可以把唱歌鯊魚換成唱歌獅子、企鵝、大象或鬼怪。還也可以把歌曲換成「耶誕快樂」或「鈴聲響叮噹」，並將氣球換成積了雪的耶誕樹。請自由發揮，勇敢嘗試看看。

▽ 淡入

鯊魚出場時，是從上方滑進來，你也可以使用 Scratch 的特效，創造更有戲劇性的效果。例如讓隱藏的角色漸漸淡入，可以使用「幻影」的圖像效果積木。

▽ 放大你的角色

另一個誇張的出場方式是讓角色從很小變成超大。將「尺寸改變」積木放入「重複」迴圈中來創造這個效果。你也可以試著讓角色邊旋轉邊長大，或加入「圖像效果漩渦改變」積木，讓他變成瘋狂的漩渦。

```
當 ▶ 被點擊
隱藏

當收到訊息 啟動！ ▼
圖像效果 幻影 ▼ 設為 100
顯示
重複 100 次
    圖像效果 幻影 ▼ 改變 -1
```

將「圖像效果幻影改變」積木放在「重複」積木的迴圈裡，使角色淡入。

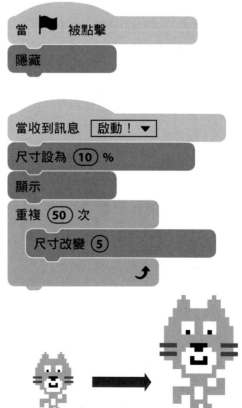

```
當 ▶ 被點擊
隱藏

當收到訊息 啟動！ ▼
尺寸設為 10 %
顯示
重複 50 次
    尺寸改變 5
```

試試看

彈力鯊魚！

試試看你能不能讓鯊魚在生日快樂歌結束後往上移動，並於再次唱歌時落回原處。別忘了先將專案複製另存，這樣你寫錯程式時，才可以回到原本的專案重新進行。

▽ 加入照片

試試在專案中加入一張壽星的照片！你可以點選角色選單的上傳圖示 ⬆ ，上傳你喜歡的圖片作為一個新角色。但請不要未經他人允許，就把有他人照片的專案分享給大眾。

錄音

錄製

上傳

上傳音效

△ 加入音效

你不必受限於Scratch內建的音效和歌曲，你可以加入自己的音樂或錄製獨家版本的「生日快樂歌」。點選音效選單的上傳圖示 ⬆，從你的電腦加入音效檔。或點選麥克風圖示 ⬇ 來錄製自己的音效。

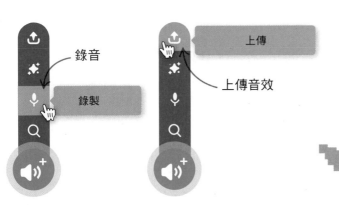

△ 生日舞者

何不在你的生日卡片中，再次使用「恐龍舞會」的舞者們呢？調整舞者改變造型的時間，讓他們能隨著音樂節奏跳舞吧！

美麗的旋轉螺旋圖

試試這個專案。使用特殊的滑桿調整變數積木的值來改變圖案,你就能控制這個藝術作品。一切充滿無限可能!

調整滑桿來改變螺旋圖的樣子。

如何運作

這個簡單的專案只有一個角色:一個在舞台中央的彩色球。Scratch的分身積木將球複製,這些球會沿著直線移動。每顆分身球會以些微不同的方向移動,因而形成螺旋圖,就像是花園灑水器的水一樣。用Scratch的畫筆畫出每顆分身球的軌跡,創作出色彩豐富的背景圖樣。

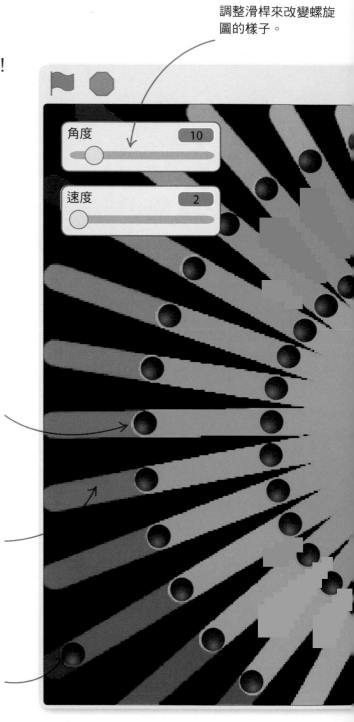

不同方向的分身球形成一個螺旋圖。

哇!這個專案讓我頭暈了。

每條線都是任一角色使用Scratch畫筆擴充功能畫出來的。

每顆分身球都從中心筆直飛向邊緣。

中央的球是一開始的原始角色，其他球則是它的分身。

點擊這個圖示，將全螢幕模式切換成編輯模式。

△ 分身

分身是角色的複製品。新創造的分身會出現在原始角色的上層，與原始角色有一樣的屬性設定，像是方向、尺寸等等。

△ Scratch畫筆

只要在角色的程式中加入綠色「下筆」積木，每個角色都可以在經過時留下足跡。加入畫筆擴充功能，積木區就會增加額外的積木，可以改變筆的顏色、亮度和寬度。

球的分身

在Scratch中，你可以從一個角色創造出幾百個分身來填滿整個舞台。每個分身都是完整複製自原始角色，也可執行一些只有分身才能執行的特殊程式。

1 開始一個新專案。對貓咪角色按右鍵並選擇「刪除」。從角色庫中載入角色「Ball」。這顆球有好幾種不同顏色的造型。點選「造型」標籤頁並選擇你最喜歡的顏色。

Ball

2 增加下列迴圈積木來製作球的分身。當你執行這個程式時，會感覺什麼都沒發生。事實上，球已經複製出很多分身了，只是它們全都重疊在同一個位置上。你可以用滑鼠將它們拖到其他位置（但這只能在編輯模式下進行，不能在全螢幕模式這樣做）。

3 在球的程式中加入下面這組積木，使分身移動。每個新產生的分身都會執行這個程式。這個程式會讓分身在被複製時，依照原始角色面對的方向移動。請執行這個專案。

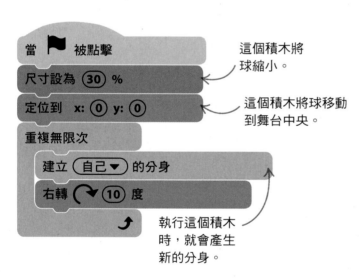

這個積木將球縮小。

這個積木將球移動到舞台中央。

執行這個積木時，就會產生新的分身。

▷ **發生什麼事？**

產生分身前，原始角色會稍微改變方向。結果每個分身都會一個接一個往稍微不同的方向移動。每個分身都以直線往舞台邊緣前進，使所有分身形成一個不斷延伸的螺旋圖。

4 專案執行一段時間後，分身就會停止繼續出現，因為Scratch的舞台上，每次最多只能有300個分身。在此以後，任何有關分身的指令都會被忽略。中央停止產生新的分身，而所有已出現的分身則會聚集在舞台的邊緣。

一旦舞台上有300個分身，就不會再創造出新的分身了。

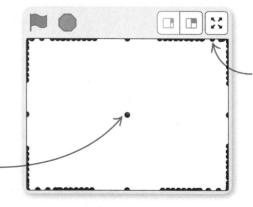

分身會聚集在邊緣，因為「移動」積木不會讓角色完全離開舞台。

5 為了解決這個問題，可以加入「如果……那麼」積木到分身的「移動」迴圈中，將碰到舞台邊緣的分身刪除。執行這個版本，現在球應該會在碰到邊緣時消失，就如同分身製造的速度一樣快。由於分身的數量永遠不會達到上限，所以你想要螺旋圖持續多久就會延續多久。

6 為了讓螺旋圖看起來效果更好，你可以加入一個黑色背景。點選角色列表右方的背景選單，選擇繪畫圖示 ✎ 來創造一個新背景。使用填滿工具，將背景變成全黑。

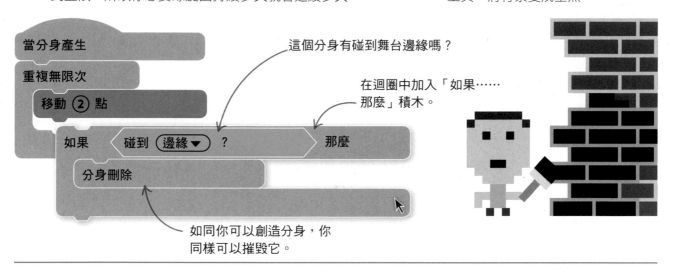

這個分身有碰到舞台邊緣嗎？

在迴圈中加入「如果……那麼」積木。

如同你可以創造分身，你同樣可以摧毀它。

控制螺旋

在球的程式裡，有兩個數字可以用來控制螺旋圖的呈現。一個是分身產生時改變的角度；另一個是「移動」積木的移動點數，用來決定「分身」移動的速度。如果你把這兩個值設為變數，在舞台上加入變數的控制滑桿，你就可以在專案執行時改變它們的數值，輕易的測試不同的效果。

點擊這裡，打開「新的變數」視窗。

在這裡輸入變數名稱。

7 點選角色列表中的 Ball 角色。選擇積木區的「變數」，按下「建立一個變數」按鈕，創造兩個新變數：「角度」和「速度」。

點選「確定」。

8 確定積木區中的兩個變
數有打勾，這樣它們才
會顯示在舞台上。

變數會像這樣呈
現在舞台上。

將它勾選起來。

9 現在將變數加入球
的程式中。

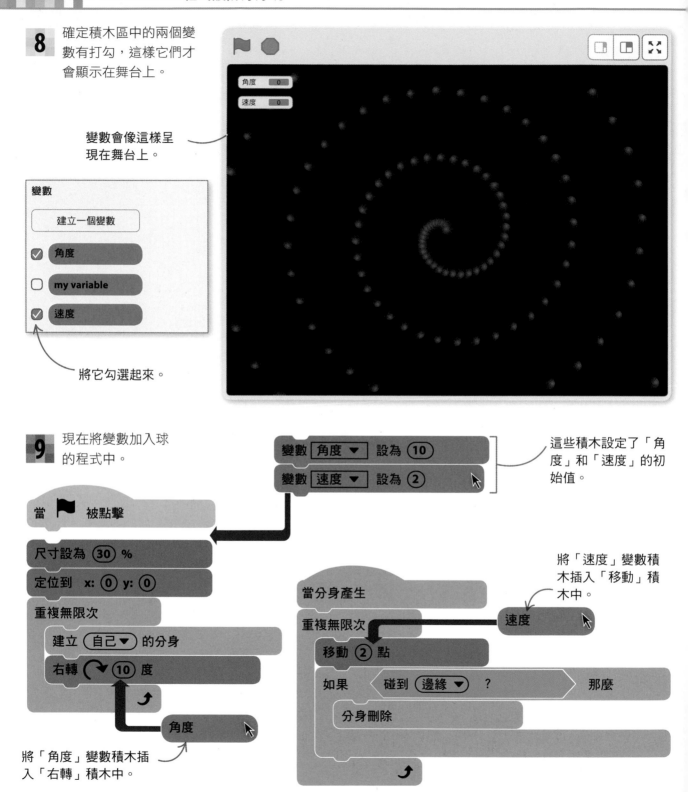

這些積木設定了「角
度」和「速度」的初
始值。

變數　角度 ▼　設為 ⑩
變數　速度 ▼　設為 ②

當 ▓ 被點擊

尺寸設為 ㉚ %
定位到　x: ⓪ y: ⓪
重複無限次
　建立 （自己 ▼） 的分身
　右轉 ↻ ⑩ 度

將「角度」變數積木插
入「右轉」積木中。

角度

當分身產生
重複無限次
　移動 ② 點
　如果　碰到 （邊緣 ▼） ？　那麼
　　分身刪除

將「速度」變數積
木插入「移動」積
木中。

速度

10 執行專案，現在結果應該和之前一樣。對舞台的「角度」變數按右鍵，選擇「滑桿」。對「速度」變數做一樣的動作。

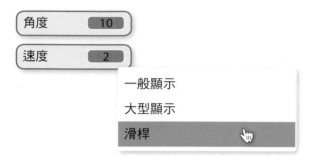

11 兩個變數現在都有滑桿了。你可以用滑桿立即改變變數的值。執行專案並試著移動滑桿。球分身所畫的圖案會立即改變。

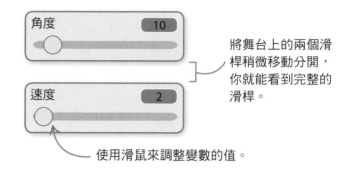

將舞台上的兩個滑桿稍微移動分開，你就能看到完整的滑桿。

使用滑鼠來調整變數的值。

12 現在試試看不同的數值。

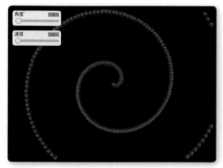

角度 = 3，速度 = 1

角度 = 3，速度 = 30

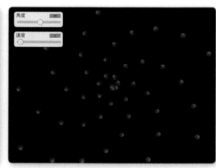

角度 = 49，速度 = 5

按下空白鍵時，每個分身都會執行這個程式，把自己刪除。

13 你或許會希望隨時都能方便的清除舞台上的分身，因此你可以增加右邊這個程式，按下空白鍵來消除分身。這個程式會影響所有分身，因為除了綠旗起始積木下的程式之外，球角色的其他程式，每個分身都會執行。執行專案，試試看按下空白鍵。

當　空白▼　鍵被按下

分身刪除

神奇的畫筆功能

Scratch擁有擴充功能，能將更多程式積木加到專案中。其中一個擴充功能就是神奇的畫筆。如果你打開畫筆功能，它能跟著角色畫出路徑。每個分身都有畫筆，所以只要打開它們，你就能創造出很厲害的作品。

14 想擴充畫筆積木，可以點選螢幕左下方的「添加擴展」按鈕，選擇「畫筆」。加入以下這些綠色積木，啟動每個分身的畫筆。

這個積木會移除所有筆跡，所以舞台會從空白開始。

這個積木開啟畫筆功能，讓所有分身留下筆跡。

輸入1代表細筆。

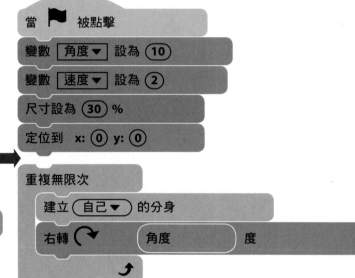

當 ⚑ 被點擊

變數 [角度▼] 設為 (10)

變數 [速度▼] 設為 (2)

尺寸設為 (30) %

定位到 x: (0) y: (0)

重複無限次
　建立 (自己▼) 的分身
　右轉 ↻ (角度) 度

筆跡全部清除

筆跡寬度設為 (1)

下筆

15 執行專案來看看美麗的呈現。你可以調整滑桿來嘗試不同數值。「角度」很適合使用奇數，因為整個圖案每次會移動一點，能填滿空白並產生有趣的效果，試試 7 或 11 吧。

當很多被畫下的線很接近彼此時，不規則線條會交錯形成奇怪的漩渦，稱為「莫列波紋」。

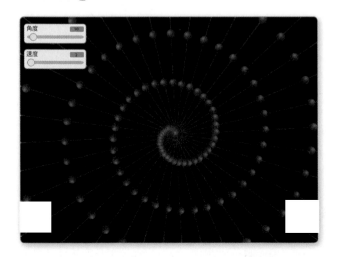

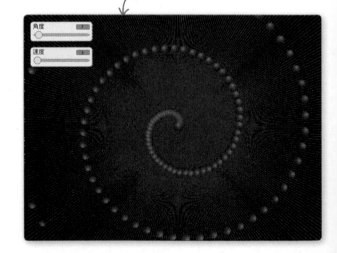

16 將「筆跡全部清除」積木加入你的清除分身程式裡。如此一來，空白鍵就能清除舞台上的所有東西，為你的作品創造一張空白畫布。

當 空白 ▼ 鍵被按下

分身刪除

筆跡全部清除

在這裡插入「筆跡全部清除」積木，移除舞台上的所有筆跡。

17 最後做個實驗，改變每個分身的畫筆顏色，這樣每個分身留下的筆跡都會是新的顏色。

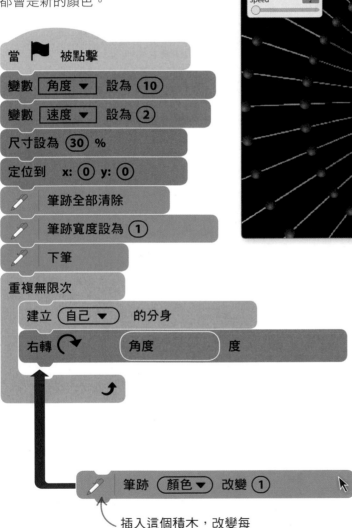

當 ▶ 被點擊

變數 角度 ▼ 設為 10

變數 速度 ▼ 設為 2

尺寸設為 30 %

定位到　x: 0　y: 0

筆跡全部清除

筆跡寬度設為 1

下筆

重複無限次

　建立 自己 ▼ 的分身

　右轉 ↻ 角度 度

筆跡 顏色 ▼ 改變 1

插入這個積木，改變每個分身的筆跡顏色。

我可以轉動彩虹！

18　執行專案並嘗試不同效果來創作，像是調整滑桿、改變筆跡寬度和筆跡顏色。試著加大筆跡寬度，看看會發生什麼事。別忘了你可以按空白鍵來清除所有筆跡。

玩玩滑桿，看你可以創造出什麼驚人的視覺效果！

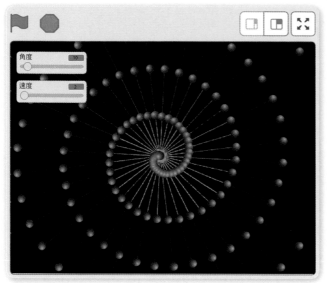

筆跡寬度 = 1，角度 = 10，速度 = 2

筆跡寬度 = 1，角度 = 31，速度 = 10

筆跡寬度 = 10，角度 = 10，速度 = 2

筆跡寬度 = 100，角度 = 10，速度 = 2

改造與調整

螺旋圖專案很適合客製化。這裡有更多調整的建議，不要害怕對程式做實驗和嘗試你自己的想法。你甚至可以將專案變成遊戲，讓玩家的角色閃躲飛來飛去的球。

這個專案用全螢幕模式看起來最棒！

▽ 控制顏色

你可以創造一個新變數，叫做「筆跡變化值」，並打開滑桿（如步驟10）來控制線條顏色變化的速度。將這個新的變數積木插入「筆跡顏色改變」積木中。接著在滑桿上按右鍵來變更數值範圍。（如果「角度」滑桿的最小值為負數，螺旋圖就會往反方向轉動。）

筆跡變化值　　　　　0

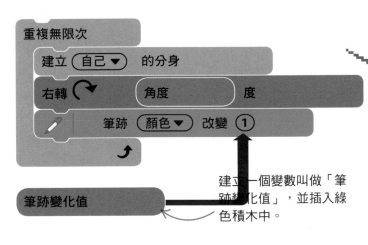

建立一個變數叫做「筆跡變化值」，並插入綠色積木中。

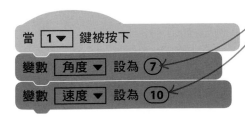

當你找到最喜歡的螺旋圖變數組合，可複製滑桿上的數值，作為程式的預設值。

▷ 我的最愛

你可以建立鍵盤快捷鍵，快速設定你最愛的螺旋圖變數值。只要輕鬆按下快捷鍵，就能呈現你最特別的創作。

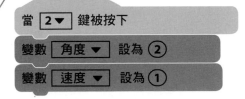

▽ 變成藝術

加入下方的程式積木，讓你按向下鍵時隱藏
球和滑桿，按向上鍵時又重新出現。你可以
對舞台按右鍵，將圖像另存成圖片檔案。

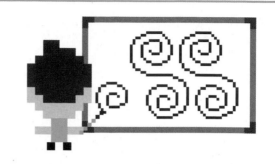

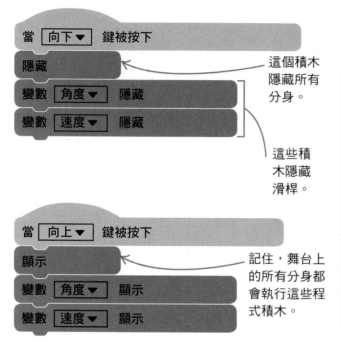

這個積木
隱藏所有
分身。

這些積
木隱藏
滑桿。

記住，舞台上
的所有分身都
會執行這些程
式積木。

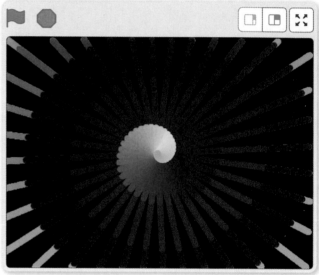

◁ 球的控制

除了讓分身形成螺旋圖，你也可以讓它們跟著鼠標到
處移動。只要將「右轉」積木替換成「面朝鼠標向」
積木就行了。現在試著用滑鼠來畫畫吧。

分身會從中心往鼠標
方向複製。

▷日落

你可以將原始球角色拖拉到舞台的任一位置,然後按下空白鍵,清除之前的圖案。看看你能不能創作出如右圖般的人工日落圖。提示:你需要調整「筆跡寬度」為1,「角度」變數設成7。別忘了程式裡有個「定位」積木,會在每次執行專案時將角色移回起始位置。你可以取出這個積木,也可以找到太陽的好位置並修改起始定位。你甚至可以增加另一個原始大小的黃色球來當作太陽。

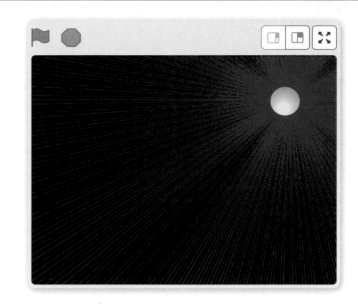

試試看

分身實驗室

對分身做些實驗,感受一下分身如何運作。開始一個新專案,在貓咪角色中加入一個建立分身的迴圈,並讓每個分身執行一個簡單的小程式。也實驗看看「下筆」積木或在「定位」積木中填入隨機數字,欣賞一些瘋狂的效果。為了更好玩,甚至可以增加一些鍵盤控制和音效。一旦完美掌控分身,你會發現Scratch各式各樣的設計幾乎都會用到分身。

綻放的花朵

創造一個虛擬草地並放上五顏六色的花朵吧!在這個專案中,你會學到如何製作Scratch的函式積木。每次執行函式積木,就會觸發特定的程式畫出一朵花,這個特定程式叫做「子程式」。

點擊綠旗,開始執行專案。

如何運作

執行這個專案時,在你點擊滑鼠的位置會開出花朵。花朵是由一顆簡單的圓球和「蓋章」積木畫出來的。圓球會從花的中心來回移動,蓋出每片花瓣,構成花的圖像。

> 畫花

△ 子程式

在Scratch中,你可以創造自己的特製積木,觸發某個你已建立的程式。這樣你就不需要每次都寫一樣的程式,而可以簡單的使用新積木來觸發。工程師經常使用這個技巧,並稱呼這段重複使用的程式為「子程式」。

> 畫出有 ④ 片花瓣的花

△ 增加輸入框

創造包含輸入框、可輸入數字或其他資訊的積木,例如這個積木表示你可以設定花瓣的數量。

每朵花都是由一個函式
積木「畫花」創造。

為這些花創造你自己
的背景。

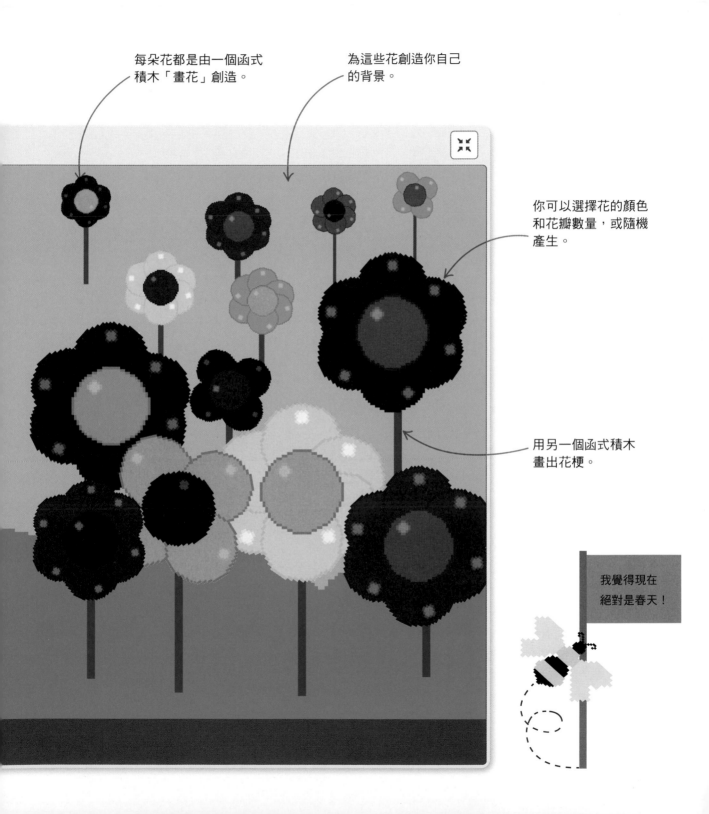

你可以選擇花的顏色
和花瓣數量,或隨機
產生。

用另一個函式積木
畫出花梗。

我覺得現在
絕對是春天!

製作花朵

跟著以下步驟建立程式，讓你在點擊舞台
時創作出花朵。只要完成後，你就可以重
複使用這個程式來製作特殊的畫花積木。

1 開始一個新專案。對貓咪角色
按右鍵，選擇「刪除」。點選
角色圖示 🐱，從角色庫中載入
球的角色。這顆球就是用來創
造每朵花的元件。

Ball

2 建立與執行以下程式，畫出一個有五片花瓣的簡單花朵。這個
程式的迴圈會執行五次，以圓球的起始位置為中心，繞一圈畫
出花瓣。每片花瓣都是球的「蓋章」圖案。請記住，你需要從
左下方的「添加擴展」按鈕來加入畫筆擴充功能。

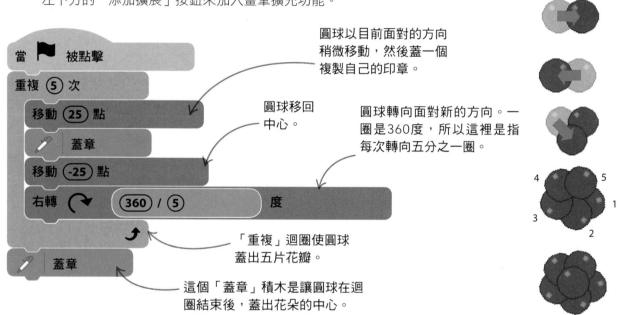

圓球以目前面對的方向
稍微移動，然後蓋一個
複製自己的印章。

圓球移回
中心。

圓球轉向面對新的方向。一
圈是360度，所以這裡是指
每次轉向五分之一圈。

「重複」迴圈使圓球
蓋出五片花瓣。

這個「蓋章」積木是讓圓球在迴
圈結束後，蓋出花朵的中心。

專家技巧

算數學

電腦很會算數學。你可以使用綠色「運算」積木
來做簡單的加總。如果想做更複雜的計算，你也
可以將運算積木放進彼此之中或和其他積木組
合。如果運算積木裡有另一個運算積木，電腦會
先從最內層的積木開始計算，就像先算括弧內的
算式一樣。

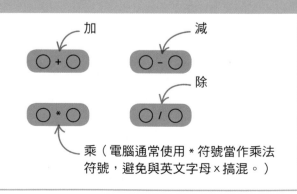

加　　　　　　　　　減

除

乘（電腦通常使用 * 符號當作乘法
符號，避免與英文字母×搞混。）

更多積木

下一步是要讓畫花的程式變成畫花的積木。之後你就可以使用這個積木,讓花長在任何你想要的地方。

在這裡輸入新積木的名稱。

3 想創造新的Scratch積木,請點選積木區的函式積木,點擊「建立一個積木」,接著會跳出一個視窗,請輸入新積木的名稱:畫花。

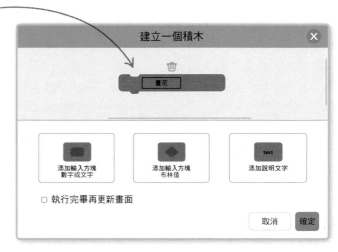

點擊這裡,創造新的積木。

4 按下「確定」後,你就會看到函式積木下面增加了新的積木。在你使用它之前,必須建立由它觸發執行的程式(工程師通常稱之為「呼叫」)。

5 在程式區中,你會看到一個新的「定義」起始積木,與你剛才創造的積木名稱相同。將畫花的程式挪到這個積木下面。如此一來,「畫花」積木執行時,畫花的程式就會執行。

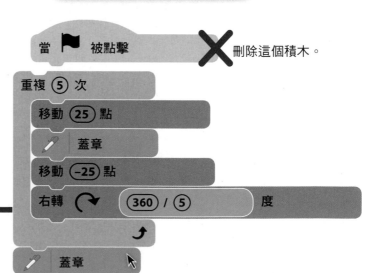

刪除這個積木。

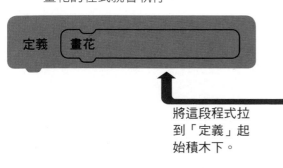

將這段程式拉到「定義」起始積木下。

6 下一步，建立新的程式來使用「畫花」積木。
當你執行程式時，只要點擊滑鼠就能畫出花。

7 執行程式，在舞台上隨意點擊來創造一片花海。

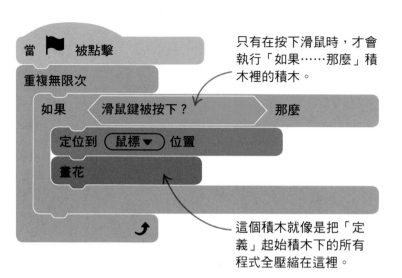

只有在按下滑鼠時，才會執行「如果……那麼」積木裡的積木。

這個積木就像是把「定義」起始積木下的所有程式全壓縮在這裡。

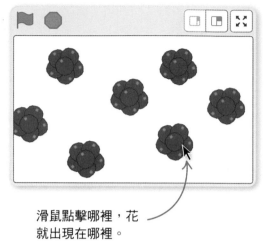

滑鼠點擊哪裡，花就出現在哪裡。

8 舞台很快就會填滿花朵，因此可以建立一些程式，讓你在按下空白鍵時把花朵清乾淨。

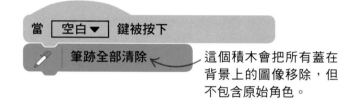

這個積木會把所有蓋在背景上的圖像移除，但不包含原始角色。

專家技巧

子程式

優秀的電腦工程師經常將他們的程式整理成容易理解的區塊。那些想重複使用的好用程式，就可以整理成「子程式」並命名。當主程式執行或「呼叫」一個子程式時，就像是將子程式的內容插入主程式中執行。使用子程式可以讓程式更精簡，更容易理解，而且方便修改。記得幫你的函式積木取一個能描述用途的名字。

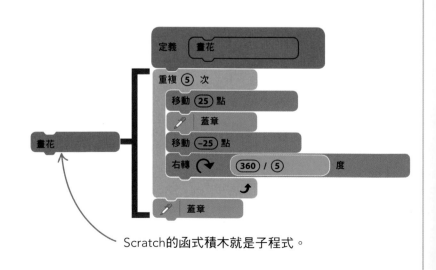

Scratch的函式積木就是子程式。

用數字來畫圖

如果你想要畫出許多相同的花朵，你可以直接畫一個花
的角色。而函式積木真正強大的地方是你可以加入輸入
框，使結果隨之改變。想有不同顏色和不同數量的花
瓣？你可以增加輸入框到「畫花」積木中。

9 在「定義」起始積木上按右
鍵（或 control/shift 鍵），
選擇「編輯」，加上輸入框
來控制花瓣的數量。

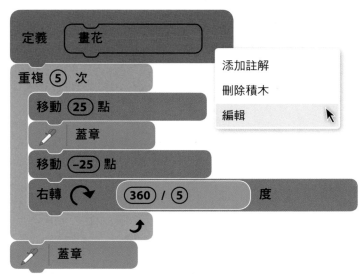

定義　畫花

重複 ⑤ 次

　移動 ㉕ 點

　✏ 蓋章

　移動 ㋤ 點

　右轉 ↻ （360 / 5） 度

✏ 蓋章

添加註解
刪除積木
編輯

10 右圖的視窗會打開。選擇「添加
輸入方塊：數字或文字」。

選擇這個選項。

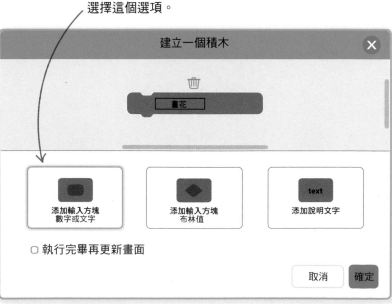

建立一個積木

🗑

畫花

添加輸入方塊
數字或文字

添加輸入方塊
布林值

text
添加說明文字

☐ 執行完畢再更新畫面

取消　確定

11 畫花積木現在有輸入框了。在視窗輸入「花瓣數量」，點選「確定」。

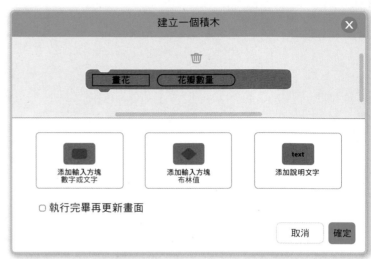

建立一個積木

🗑

〔 畫花　　　〔 花瓣數量 〕〕

添加輸入方塊　　　添加輸入方塊　　　添加說明文字
數字或文字　　　　布林值　　　　　　text

☐ 執行完畢再更新畫面

取消　　確定

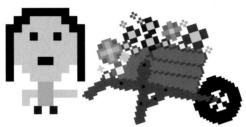

12 你現在會看到「定義」起始積木裡出現了「花瓣數量」積木。你可以將「花瓣數量」積木拖拉複製到下面的程式中，例如拖拉到「重複」積木和「右轉」積木原本填寫花瓣數量（5）的地方。

起始積木內出現了新的積木。

將「花瓣數量」積木拖拉到這兩個地方。

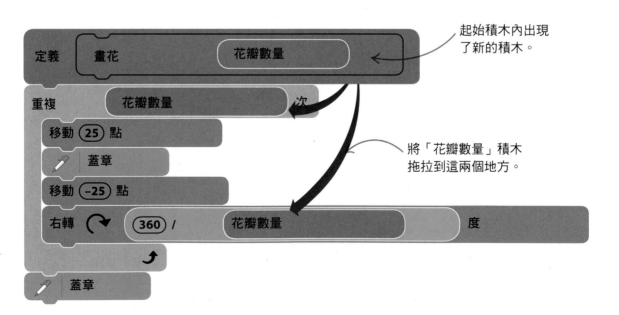

定義　畫花　　　　　花瓣數量

重複　　花瓣數量　　　　次
　移動 25 點
　✏ 蓋章
　移動 −25 點
　右轉 ↻ （360）/ 　花瓣數量　　　度
　↩
✏ 蓋章

13 觀察程式中的「畫花」積木，你會發現它多了一個輸入框。在這裡輸入的數字代表了定義程式中，所有「花瓣數量」積木代表的數值。現在先輸入7。

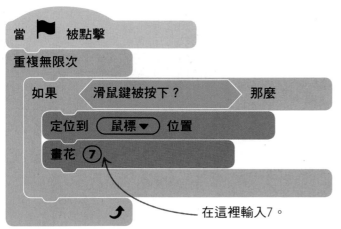

在這裡輸入7。

14 執行專案並在舞台上隨意點擊。你的花朵現在應該有七片花瓣。別忘了還可以按空白鍵清空舞台。

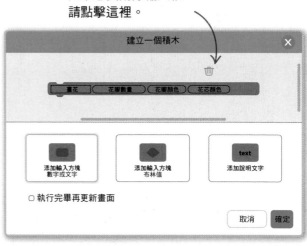

現在每朵花都有七片花瓣。

15 想要更多變化，可將「隨機取數」積木插入「畫花」積木中，取代直接輸入數字。再次執行程式看看結果。

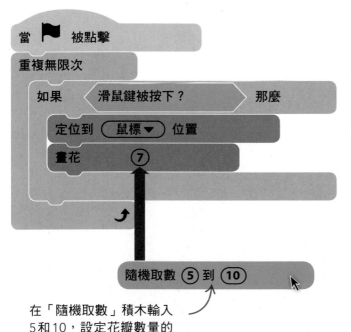

在「隨機取數」積木輸入5和10，設定花瓣數量的最小和最大值。

16 現在增添更多輸入框來改變花瓣顏色和花芯顏色。再次對「定義」積木按右鍵，選擇「編輯」並增加兩個輸入框，取名為「花瓣顏色」和「花芯顏色」。

如果想要刪除輸入框，請點擊這裡。

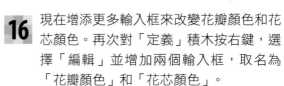

17 加入兩個設定花瓣和花芯顏色的積木。
記得從起始積木拖拉正確的積木放入。

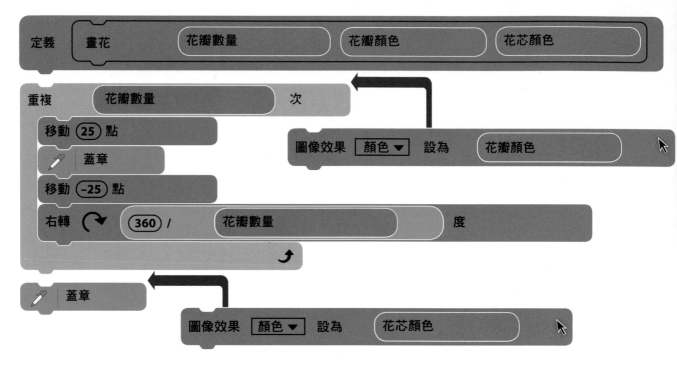

18 將「筆跡全部清除」積木加入主程
式。從「畫花」積木移除「隨機取
數」積木，輸入數字6、70、100，
畫出有六片花瓣的藍色花朵。執行
程式來看看結果如何。

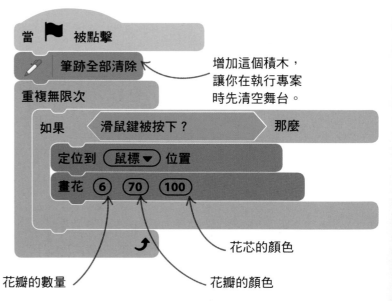

增加這個積木，
讓你在執行專案
時先清空舞台。

花芯的顏色

花瓣的數量

花瓣的顏色

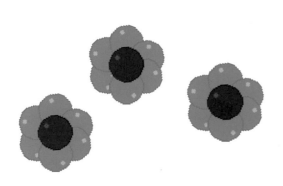

19 你可以在「畫花」積木的每個輸入值都使用隨機取數，這樣每朵花都會長得不一樣。

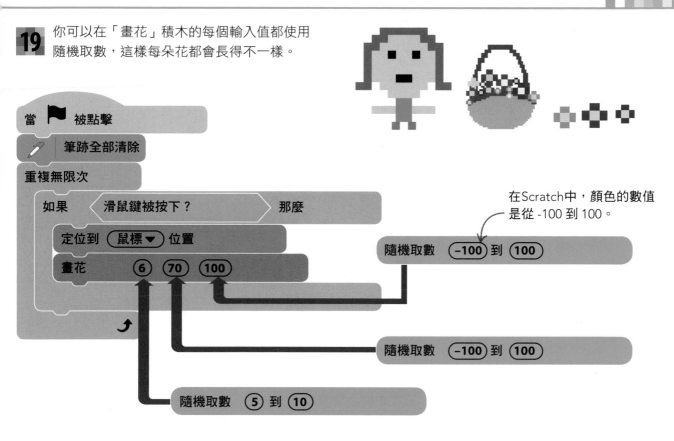

當 ▶ 被點擊

✏ 筆跡全部清除

重複無限次

　如果　〈滑鼠鍵被按下？〉那麼

　　定位到 〔鼠標▼〕位置

　　畫花 ⑥ ⑦⓪ ⑴⓪⓪

在Scratch中，顏色的數值是從 -100 到 100。

隨機取數 −100 到 100

隨機取數 −100 到 100

隨機取數 ⑤ 到 ⑩

20 執行專案並在舞台上隨意點擊，畫出一座花園。別忘了你可以按空白鍵來清空舞台。

若你是使用Scratch離線版，別忘了隨時儲存你的作品。

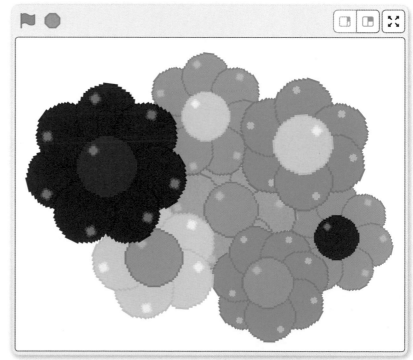

花梗

真正的花會從花梗長出來,所以請跟著以下步驟,為你的虛擬花
朵加上花梗,讓它們看起來更真實。使用函式積木讓程式更容易
閱讀,你也因此總能知道它們的功用。

21 點選積木區的函式積木,並點擊「建立一個積木」。將
新積木命名為「畫花梗」。輸入積木名稱後,加上花梗
的長度和寬度的數字輸入框。最後點選「確定」。

22 建立這個「定義」起始積木之下的程式。從起
始積木拖拉「長度」和「寬度」積木到程式中
使用到它們的地方。

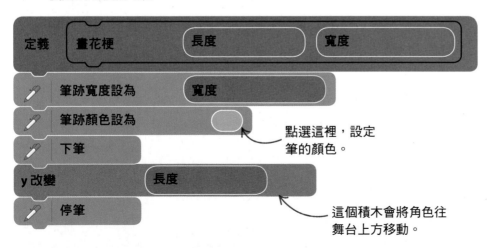

23 下一步是在主程式中增加新的「畫花梗」積木，並填入數字。將花梗的長度設為100、寬度設為5。

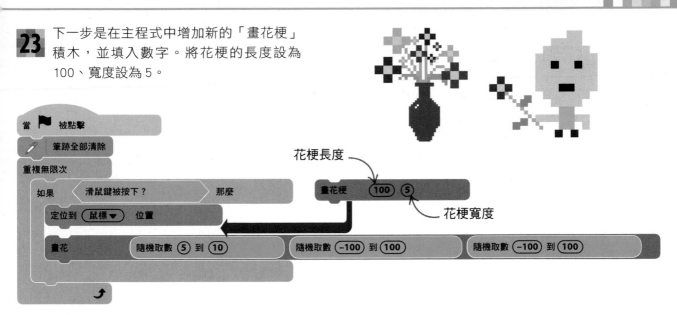

當 ▶ 被點擊
筆跡全部清除
重複無限次
　如果　滑鼠鍵被按下？　那麼
　　定位到 鼠標▼ 位置
　　畫花　隨機取數 5 到 10　隨機取數 -100 到 100　隨機取數 -100 到 100

花梗長度
畫花梗 (100) (5)
花梗寬度

24 執行專案。你現在可以遍地畫出五顏六色的花了。利用「隨機取數」積木得到不同數值，藉此改變花朵的樣貌吧。

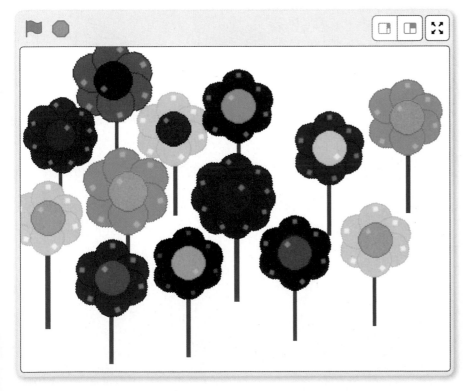

25 最後，為你的花園增加一個背景。你可以點選角色列表右邊的背景選單，選擇繪畫✏來畫一個屬於你自己的背景。或是點擊「選個背景」🖼，從背景圖庫中載入一個背景。

改造與調整

你可以隨意測試程式，依你的想法改變花的顏色、尺寸和形狀。不一定要使用圓球角色作為蓋章模板，你可以試著創造你自己的模板，製作更多有趣的形狀。運用一些想像力，你可以創造各式各樣的美麗風景。

幫花瓣畫上有
顏色的外框。

▷ 不同的花瓣

使用造型編輯器，為花朵加上不同的花瓣吧！點擊「造型」標籤頁，用筆刷工具 ✎ 增加新造型。橢圓形的花瓣是很好的選擇。你必須將一些積木加入「定義畫花」程式中，用來切換花瓣造型和花芯的「ball-a」造型。

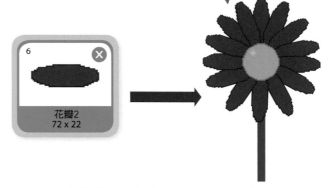

▽ 隨處可見的花

試著用以下程式取代主程式。它會在隨機的地方自動畫出花朵，最後填滿整個舞台。想想看要如何在「畫花」積木中添加位置的輸入值？你必須在畫花之前加入「定位」積木，包含 x 和 y 座標的輸入框。

這個選取範圍讓
花朵不會出現在
邊界之外。

不同的尺寸

你可以在「畫花」積木新增一個輸入框,用來控制花朵的尺寸。你也可以讓接近舞台上方的花朵小一點,乍看好像比較遠,把草地塑造得更立體。

1 對「定義」起始積木按右鍵,編輯新增一個新的輸入框,叫做「比例」。依照下方程式進行修改。當「畫花」積木中的比例設為100時,畫出來的花朵會是原始尺寸。較小的數字則會創造出較小的花朵。

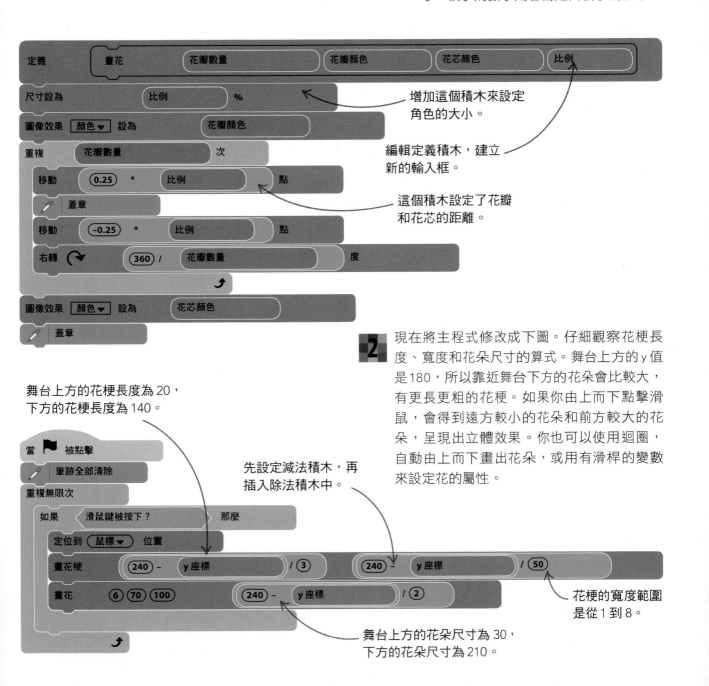

增加這個積木來設定角色的大小。

編輯定義積木,建立新的輸入框。

這個積木設定了花瓣和花芯的距離。

2 現在將主程式修改成下圖。仔細觀察花梗長度、寬度和花朵尺寸的算式。舞台上方的y值是180,所以靠近舞台下方的花朵會比較大,有更長更粗的花梗。如果你由上而下點擊滑鼠,會得到遠方較小的花朵和前方較大的花朵,呈現出立體效果。你也可以使用迴圈,自動由上而下畫出花朵,或用有滑桿的變數來設定花的屬性。

舞台上方的花梗長度為20,下方的花梗長度為140。

先設定減法積木,再插入除法積木中。

花梗的寬度範圍是從1到8。

舞台上方的花朵尺寸為30,下方的花朵尺寸為210。

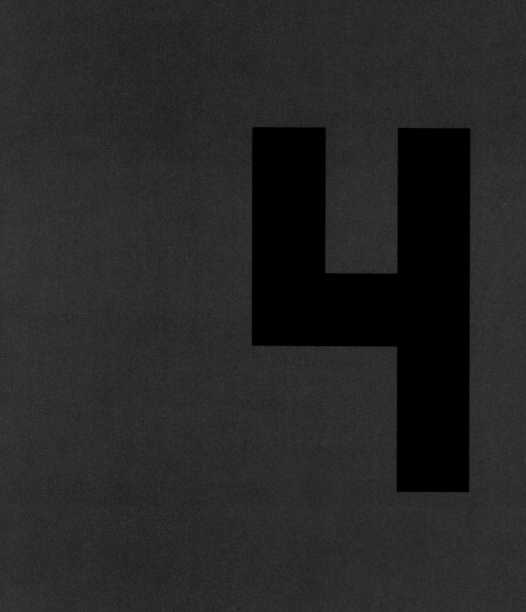

設計遊戲

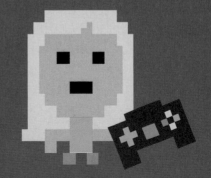

厄運隧道

Scratch是製作和優化遊戲的理想樂園。若想在這個遊戲中獲勝，你需要穩定的手和鋼鐵般的意志。引導貓咪一路穿過厄運隧道，但不能碰到任何牆壁！最後再進階挑戰，看你能不能打破穿過隧道的最快時間。

貓咪的起點。

如何運作

使用滑鼠移動貓咪，一路穿過隧道但不能碰到牆壁。如果你不小心碰到牆壁，就會回到起點。你可以不斷的嘗試，但抵達終點前，不會停止計時。

◁ **貓咪角色**

鼠標一碰到這隻貓咪，牠就會跟著鼠標到處移動。在這個遊戲中，你不會用到滑鼠按鍵。

◁ **隧道**

這個隧道迷宮是一個填滿整個舞台的巨大角色。隧道的路徑其實並不是角色的一部分，而是你在繪圖編輯器中使用擦子創造出的空白。貓咪碰到牆壁就等於碰到隧道角色，若貓咪在空白路徑上，就不算碰到隧道角色。

◁ **房子**

當貓咪碰到房子，遊戲就以慶祝結束。

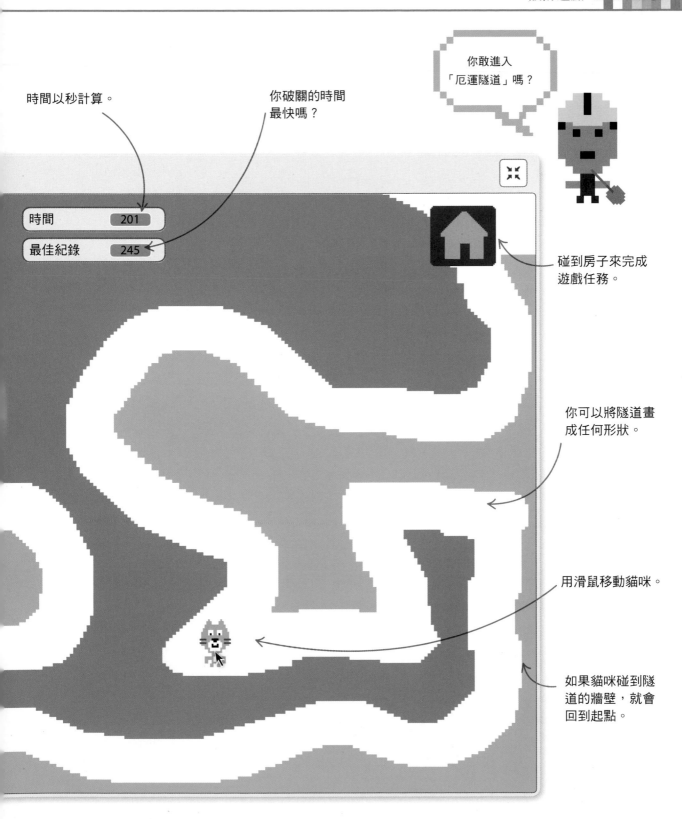

時間以秒計算。

你破關的時間最快嗎？

你敢進入「厄運隧道」嗎？

時間 201

最佳紀錄 245

碰到房子來完成遊戲任務。

你可以將隧道畫成任何形狀。

用滑鼠移動貓咪。

如果貓咪碰到隧道的牆壁，就會回到起點。

營造氛圍

先設定遊戲的舞台背景和挑選適合的音樂吧。跟著以下步驟，
從Scratch的音效庫中選擇任何你喜歡的音樂。

1 開始一個新專案。留下貓咪角色，
將角色名稱改成貓，讓程式單純而
直覺。

輸入「貓」作為新的
角色名稱。

藍色外框表示已選取
這個角色。

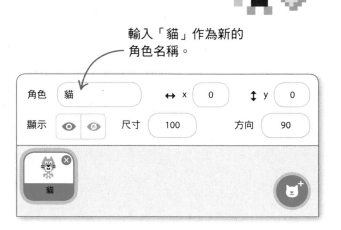

2 在建立任何程式碼之前，
為遊戲增添一些音樂，營
造合適的氣氛。點選積木
區上方的「音效」標籤
頁，點擊喇叭圖示 🔊 打開
音效庫，從中選擇「Drive
Around」。點選播放圖示
可試聽音效。

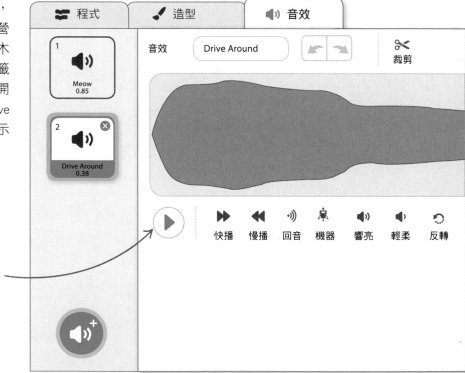

點擊這裡試聽
音效。

3 將下列程式加入貓角色中，用來重複播放音效。請使用「播放音效直到結束」積木，不要使用「播放音效」積木，否則Scratch會出錯，不斷重複播放音效的開頭。

4 現在執行專案，音效應該會播放無限次。點選舞台上方的紅色按鈕讓音效停下來。

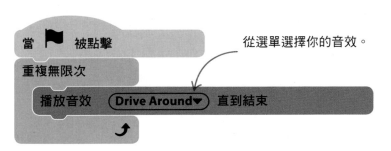

從選單選擇你的音效。

建立隧道

下一步是創造彎曲的隧道，挑戰玩家的神經和手的穩定度。你所畫的隧道愈複雜，遊戲就會愈困難。

5 點選角色選單的繪畫圖示 ✎，開啟繪圖編輯器來創造新角色。選一個你喜歡的顏色並點選填滿工具 🖌，在繪圖區的任一位置點一下，將顏色填滿整個區域。

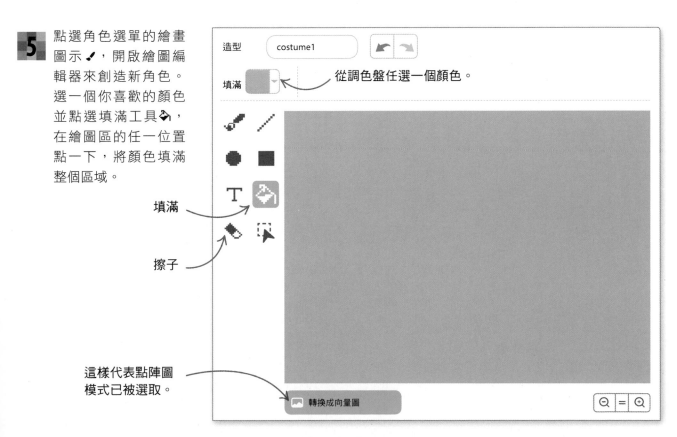

造型　costume1

從調色盤任選一個顏色。

填滿

填滿

擦子

這樣代表點陣圖模式已被選取。

轉換成向量圖

6 現在選擇擦子工具。繪圖區上方的擦子圖示旁有寬度調整按鈕，請用這個按鈕來設定隧道的寬度。

擦子

7 使用擦子在左上方的迷宮起點和右上方的迷宮終點擦出空白。接著擦出一條彎彎曲曲的隧道連接兩塊空白。如果畫錯了，可以點選上一步 ↰ 再試一次。

確定擦子幾乎是最大尺寸。

起點。

終點。

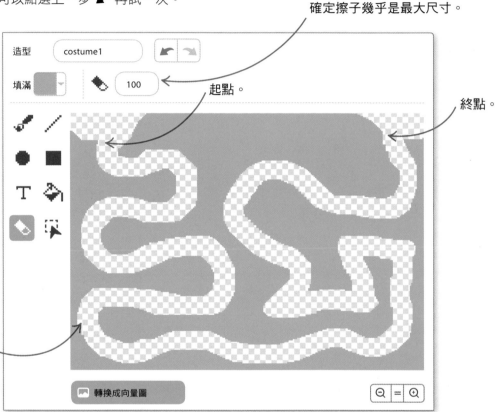

隧道應該會透出方格，而不是白色。

8 為了讓迷宮看起來更有趣，可以用填滿工具將中間塗上不同顏色。不要將隧道內填滿顏色，否則遊戲無法運作。

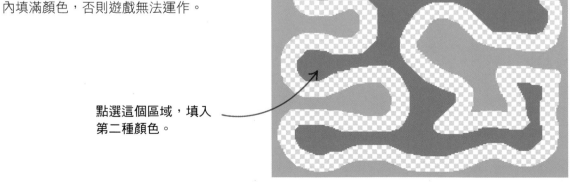

點選這個區域，填入第二種顏色。

9 現在點選角色列表的這個角色，重新命名為「隧道」。

隧道

10 選取角色列表的隧道角色，點選「程式」標籤頁，建立下列程式，將隧道角色正確定位並讓它產生動畫效果。執行專案來測試一下。

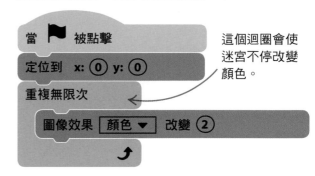

當 🏳 被點擊
定位到 x: (0) y: (0)
重複無限次
　圖像效果 顏色▼ 改變 (2)

這個迴圈會使迷宮不停改變顏色。

滑鼠控制

現在將一些程式加入貓角色中，使專案變成可以玩的遊戲。程式積木是一步一步建立的，所以記得隨時測試你的程式，確保程式能正確運作。

11 選取貓角色並加入下列程式。這個程式會將貓縮小並定位在隧道的起點。當鼠標一碰到貓，牠就會跟著鼠標移動。注意，玩家不需要點選貓角色。如果貓碰到隧道的牆壁，就會出現「喵」一聲並停止程式。

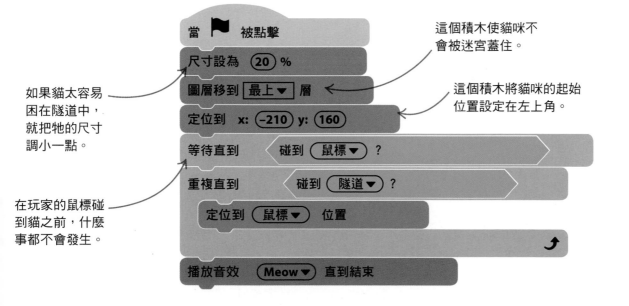

當 🏳 被點擊
尺寸設為 (20) %
圖層移到 最上▼ 層
定位到 x: (-210) y: (160)
等待直到 　碰到 鼠標▼ ？
重複直到 　碰到 隧道▼ ？
　定位到 鼠標▼ 位置
播放音效 Meow▼ 直到結束

這個積木使貓咪不會被迷宮蓋住。

這個積木將貓咪的起始位置設定在左上角。

如果貓太容易困在隧道中，就把牠的尺寸調小一點。

在玩家的鼠標碰到貓之前，什麼事都不會發生。

專家技巧

「重複直到」的迴圈

好用的「重複直到」迴圈會讓包覆在內的積木重複執行，直到積木上的條件成立才停止，再接著執行接在下方的積木。這個積木可以讓程式精簡，更好閱讀，就像這個範例一樣。

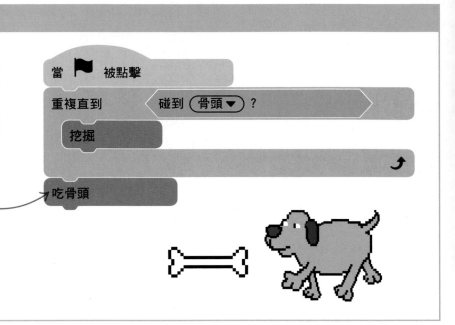

與「重複無限次」積木不同，「重複直到」積木的底部有小凸起，可以在下面接更多積木。

12 執行這個遊戲。你應該在鼠標碰到貓後，就能開始控制貓。試著沿著隧道移動地。如果你碰到牆壁，貓咪就會叫一聲並困在裡面。如果貓咪太常困住，試著降低「尺寸設定」積木裡的數值，但不要讓遊戲變得太簡單。

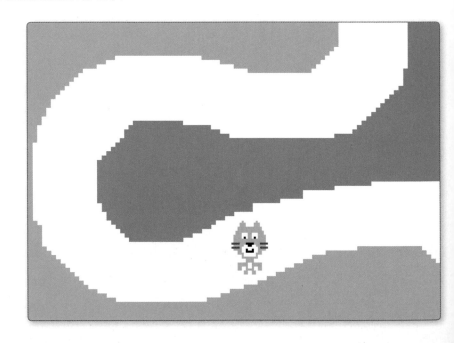

13 如果你碰到牆壁，就必須重新開始遊戲。在程式中增加下面這個迴圈，讓貓咪在碰到牆壁後被送回起點。再次測試這個遊戲。

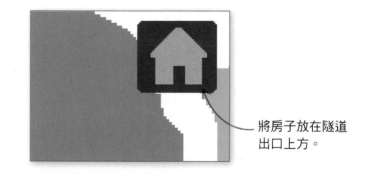

將「重複無限次」積木拖拉到「定位」積木上方，它就會變大並將下方所有積木包覆進去。

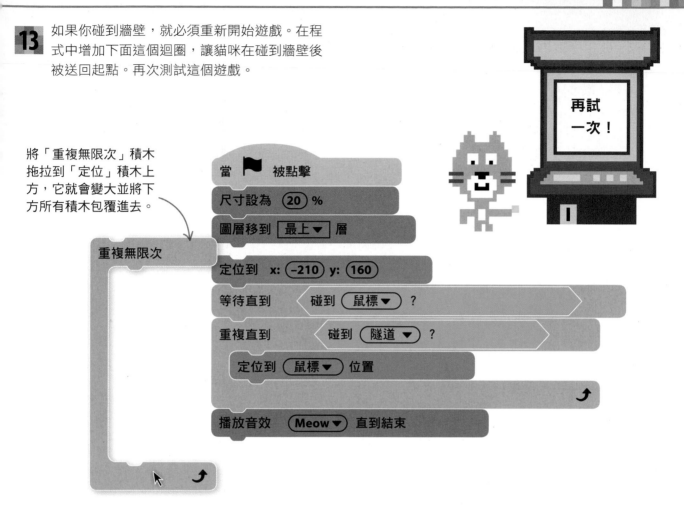

當 ▶ 被點擊
尺寸設為 20 %
圖層移到 最上▼ 層

重複無限次
定位到 x: -210 y: 160
等待直到 　碰到 鼠標▼ ？
重複直到 　碰到 隧道▼ ？
定位到 鼠標▼ 位置

播放音效 Meow▼ 直到結束

14 點擊角色列表的角色圖示 🐱，增加一個新角色到遊戲中。選擇「Home Button」角色，在角色列表重新命名為「房子」。將它拖拉到舞台右上角。

將房子放在隧道出口上方。

15 房子可能會太大，所以可加入這個程式將它縮小。執行這個專案，並依需求微調房子的位置。

當 ▶ 被點擊
尺寸設為 50 %

16 接下來，你需要加入一些程式來確認貓把房子當作終點。選取角色列表上的貓，增加下面這段程式。包覆在「如果……那麼」積木裡的積木只會在貓咪碰到房子時才會執行。

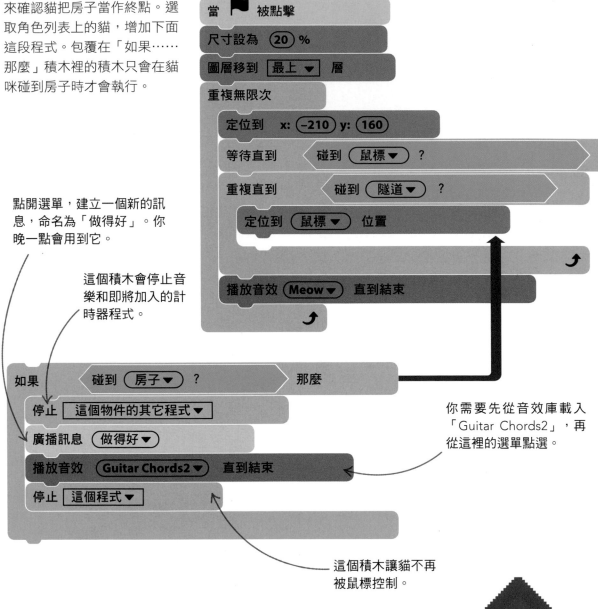

當 ▶ 被點擊

尺寸設為 20 %

圖層移到 最上 ▼ 層

重複無限次

定位到 x: -210 y: 160

等待直到 碰到 鼠標 ▼ ?

重複直到 碰到 隧道 ▼ ?

定位到 鼠標 ▼ 位置

播放音效 Meow ▼ 直到結束

點開選單，建立一個新的訊息，命名為「做得好」。你晚一點會用到它。

這個積木會停止音樂和即將加入的計時器程式。

如果 碰到 房子 ▼ ? 那麼

停止 這個物件的其它程式 ▼

廣播訊息 做得好 ▼

播放音效 Guitar Chords2 ▼ 直到結束

停止 這個程式 ▼

你需要先從音效庫載入「Guitar Chords2」，再從這裡的選單點選。

這個積木讓貓不再被鼠標控制。

17 再次執行遊戲。試著穿越隧道抵達房子。當你成功時，原本的音樂會停下來，貓也會停止移動，而慶祝音樂取而代之開始播放。如果你無法成功穿越隧道，那麼你需要將貓縮小些。不過你也可以將貓按住，直接拖拉到房子的位置來測試遊戲結尾（但這是作弊！）。

有關計時器

如果你在厄運隧道加上計時器，記錄你成功穿越隧道的時間，遊戲會變得更好玩。接著你可以挑戰其他玩家，看誰能打破你的最佳紀錄。

18 點選積木區的「變數」，建立一個變數叫做「時間」。讓這個變數保持勾選狀態，這樣我們就可以在舞台上看到數值變化。

在這裡輸入名稱。

新的變數	✕

新變數的名稱

時間

● 適用於所有角色　○ 僅適用當前角色

取消　　確定

19 將下列程式加入貓角色中。它會在遊戲開始後以秒計數。將「時間」變數移到舞台正上方，這樣玩家可較容易看到時間變化。

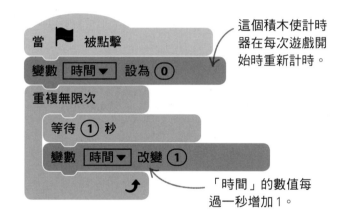

這個積木使計時器在每次遊戲開始時重新計時。

「時間」的數值每過一秒增加1。

20 再次試著執行遊戲。當貓順利抵達房子時，計時器會停止。將你的最終停止時間留在舞台上。

哇！真是個急速脫逃。

21 為了讓遊戲獲勝時更有成就感，可增加一個新角色來呈現恭喜玩家的訊息。點選繪畫✐，在繪圖編輯器中使用圖形和文字工具畫一個告示牌。下圖只是個建議，你可以用自己的點子來畫。

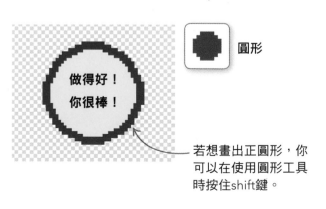

做得好！
你很棒！

圓形

若想畫出正圓形，你可以在使用圓形工具時按住shift鍵。

22 將下列積木新增到你的新角色中，使告示牌運作。第一段程式是讓告示牌在專案開始時先隱藏，第二段程式則是由貓送出的「做得好」訊息觸發執行，讓告示牌出現並閃爍。

23 現在你的遊戲完成了。完整的測試遊戲（多玩幾次）並請你的朋友來挑戰，看看誰能打破你的時間紀錄。

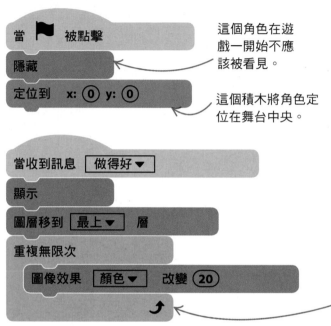

這個角色在遊戲一開始不應該被看見。

這個積木將角色定位在舞台中央。

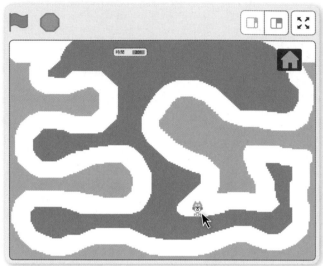

快速改變顏色，使告示牌閃爍。

改造與調整

這個遊戲有非常多可能性。儲存一份副本並開始實驗吧！你可以加入其他音效或角色，像是用飄浮的鬼魂嚇貓咪，讓貓回到起點；或用友善的蝙蝠幫助玩家直接穿越到離終點更近的地方。

▷ **再調整多一些**
你可以透過改變隧道的寬度和彎度，讓遊戲變得更難或更簡單。你也可以創造隧道分支，例如讓玩家在短而窄或寬而長的隧道之間做選擇。你甚至可以創造許多不同的隧道造型，然後加入旁邊這段程式，在遊戲開始時隨機選取一個關卡。

設定造型的數量上限。

▷ 最佳紀錄

你可以在遊戲畫面呈現目前的最佳紀錄，就像最高分數一樣。建立一個新變數，命名「最佳紀錄」。將它與舞台上的「時間」變數並列。接著將下方程式加入貓角色中，在貓碰到房子時擷取新的最短時間。

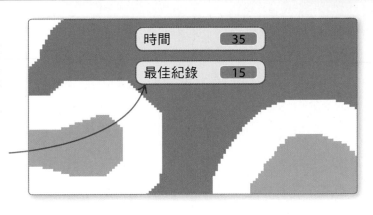

最短時間會呈現
在舞台上。

在你第一次執行這
個遊戲時，這個積
木是成立的。

當你的時間比舊紀錄
快的時候成立。

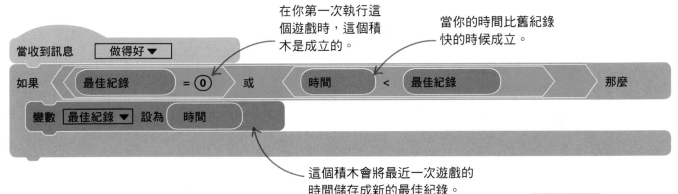

| 當收到訊息 | 做得好▼ |
| 如果 | 最佳紀錄 = 0 或 時間 < 最佳紀錄 | 那麼 |
| 變數 最佳紀錄▼ 設為 時間 |

這個積木會將最近一次遊戲的
時間儲存成新的最佳紀錄。

▽ 誰是最厲害的？

你可以另設一個變數：「最佳玩家」，將最快抵達終點的玩家名字呈現在舞台上。將下面兩塊積木加入最佳紀錄的程式中。

我贏了！
一起慶祝吧！

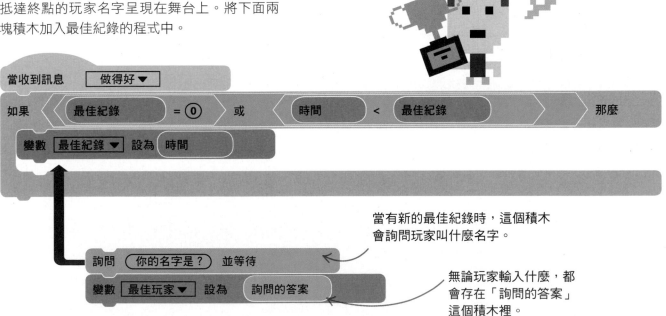

| 當收到訊息 | 做得好▼ |
| 如果 | 最佳紀錄 = 0 或 時間 < 最佳紀錄 | 那麼 |
| 變數 最佳紀錄▼ 設為 時間 |

當有新的最佳紀錄時，這個積木
會詢問玩家叫什麼名字。

詢問 你的名字是？ 並等待

變數 最佳玩家▼ 設為 詢問的答案

無論玩家輸入什麼，都
會存在「詢問的答案」
這個積木裡。

視窗清潔員

視窗很髒嗎？你最好趕快起身清理！這個瘋狂的遊戲是
考驗你在一分鐘內能擦掉多少電腦螢幕上的汙垢。你可
以用滑鼠或在電腦鏡頭前揮手來擦掉這些汙垢。

如何運作

在這個遊戲中，汙垢角色會一直複製，並以不同造型噴灑在舞
台上。當電腦鏡頭捕捉到動作，Scratch會用「幻影」效果使汙
垢淡出。如果你揮動得夠久，它們最後就會消失。這個遊戲的
目標是在一分鐘內，盡你所能的消除汙垢。

▽ **汙垢角色**
你將在這個遊戲畫出
一個擁有許多造型的
角色，角色的分身會
使整個螢幕覆蓋骯髒
的汙垢。

每個汙垢都是這個專案
中單一角色的分身。

揮動你的手來擦掉
這些汙垢。

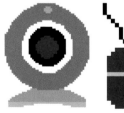

△ **控制方式**
首先你將使用滑鼠來清
除汙垢，接下來你可以
改變程式，讓鏡頭偵測
你的揮手動作。

泥巴時間！

為了在螢幕上製造髒亂，你需要畫一些像泥巴的汙垢。跟著以下步驟，你很快就會陷入髒亂。

1 開始一個新專案。對貓咪角色按右鍵（或按住control/shift鍵），選擇「刪除」。點選角色選單的繪畫圖示🖌，畫一個新角色。

點擊這裡創造一個新角色。

繪畫

2 打開繪圖編輯器，點選「轉換成點陣圖」。從調色盤選一個顏色，開始畫你的第一個汙垢。

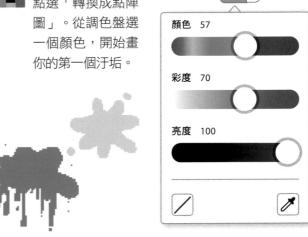

填滿

顏色　57
彩度　70
亮度　100

3 選擇筆刷工具，畫一個大汙垢的外框。用整個繪圖區的空間來畫汙垢，之後再縮小。

筆刷

耶！這比彩色球還要更好玩！

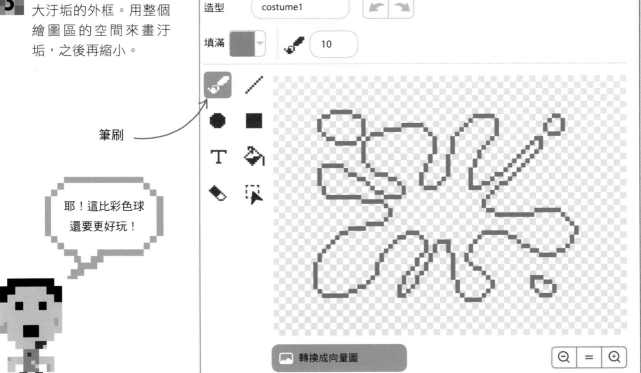

造型　costume1

填滿　🖌　10

轉換成向量圖

4 下一步，選擇填滿工具，在剛剛的外框中間點一下，一個汙垢就完成了。

 填滿顏色

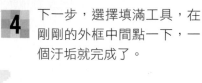

如果填入顏色時，不小心填到形狀外面，請點選上一步，確定外框形成了封閉形狀再填滿。

5 點選造型選單左下方（不是角色列表）的繪畫圖示 ✏️，就可以創造另一個汙垢造型了。點擊之後會出現一個新的空白造型。先畫一個不同顏色的汙垢，最後至少完成四個不同顏色的造型。

繪畫

點選這裡創造新造型。

costume1
401 x 304

costume2
384 x 244

消失的汙垢

現在是時候來增加一些程式到汙垢角色中，讓遊戲可以運作。跟著以下步驟，製造出幾個汙垢分身，並在被滑鼠碰到時消失不見。

6 點擊「程式」標籤頁，建立一些變數。點選積木區的變數，按下「建立一個新變數」按鈕，建立三個變數：「汙垢數最大值」、「分數」和「汙垢數」。

- ☐ 汙垢數最大值
- ☐ my variable
- ☑ 分數
- ☐ 汙垢數

汙垢可以出現在螢幕上的數量最大值。

勾選這個變數，分數就會呈現在舞台上。其他三個變數取消勾選。

實際出現在螢幕上的汙垢數量。

7 在汙垢角色中加入這串程式。這串程式將螢幕所能出現的最多
汙垢數量設為十個，並將「分數」和「汙垢數」重設為 0，以
便開始新遊戲。「重複無限次」迴圈會確認目前的汙垢數是不
是少於最大值，如果是，就會新增一個。先不要執行這個程
式，因為你還不會看到任何東西。

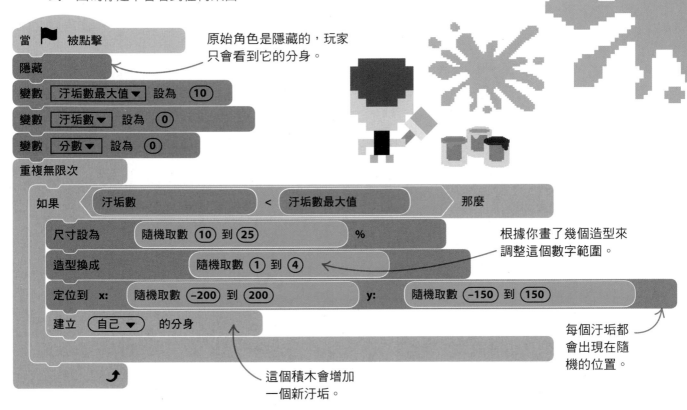

原始角色是隱藏的，玩家
只會看到它的分身。

當 ▶ 被點擊

隱藏

變數　汙垢數最大值 ▼　設為　10

變數　汙垢數 ▼　設為　0

變數　分數 ▼　設為　0

重複無限次

　如果　汙垢數　<　汙垢數最大值　那麼

　　尺寸設為　隨機取數 10 到 25 ％

　　造型換成　隨機取數 1 到 4

　　定位到　x:　隨機取數 −200 到 200　y:　隨機取數 −150 到 150

　　建立　自己 ▼　的分身

根據你畫了幾個造型來
調整這個數字範圍。

每個汙垢都
會出現在隨
機的位置。

這個積木會增加
一個新汙垢。

8 將這串程式加入汙垢角色中。每
個新分身都會執行它。這串程式
會讓新汙垢顯示（一開始是隱藏
的），等著鼠標碰到它。當鼠標
碰到汙垢，汙垢會發出「pop」
音效並消失，然後玩家會得分。

分身被創造時
是隱藏的，所
以這裡需要讓
它顯示。

當分身產生

變數　汙垢數 ▼　改變 1

顯示

等待直到　碰到 鼠標 ▼ ？

變數　分數 ▼　改變 1

變數　汙垢數 ▼　改變 −1

播放音效　pop ▼

分身刪除

這個積木會增加
汙垢數的值。

在玩家的鼠標碰到
汙垢之前，什麼事
都不會發生。

9 執行遊戲來測試一下。一開始
應該會出現十個汙垢。你用滑
鼠碰到汙垢後，汙垢會消失，
然後又有新的汙垢出現。然而
現在有個問題，那就是這個遊
戲永遠不會結束。

再見，汙垢！

倒數計時

時間限制會給玩家帶來壓力。接下來的
程式會設定一分鐘的倒數計時，看看玩
家可以在限時內擦掉多少汙垢。

10 建立一個叫做「倒數
計時」的新變數。這
會告訴玩家他還剩下
多少時間。記得勾選
它，這樣它就會出現
在舞台上。

 倒數計時

11 加入這串程式啟動倒數
計時器。一旦計時結
束，其他用來產生更多
汙垢的程式積木就會停
止，並傳送遊戲結束的
訊息。

在這裡設定倒數
的起始秒數。

時間每過一秒，
數值就減1。

這個積木會停止
新汙垢出現。

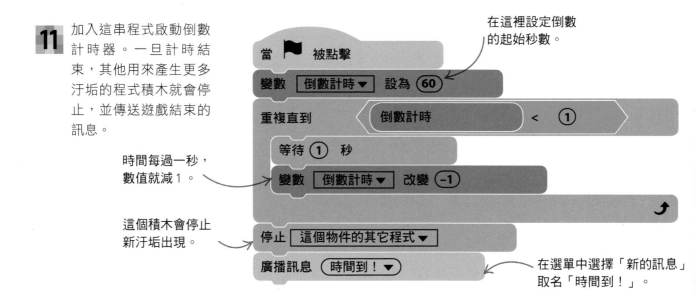

當 🏳 被點擊

變數 倒數計時▼ 設為 60

重複直到 　倒數計時 ＜ 1

　等待 1 秒

　變數 倒數計時▼ 改變 -1

停止 這個物件的其它程式▼

廣播訊息 時間到！▼

在選單中選擇「新的訊息」
取名「時間到！」。

12 測試這個遊戲。當倒數計時變成 0 時，遊戲
就會結束。但是現在還有一個小問題：即使
遊戲結束了，還是可以擦掉殘留的汙垢並計
分。為了解決這個問題，請增加右邊這段程
式，移除剩下的汙垢。現在再次測試遊戲。

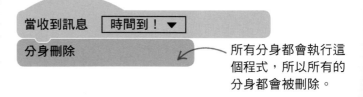

當收到訊息 時間到！▼

分身刪除

所有分身都會執行這
個程式，所以所有的
分身都會被刪除。

鏡頭控制

你可以加入鏡頭控制，讓清理視窗變得更真實。你需要先幫電腦連接攝影機，才能完成接下來的部分。當你透過鏡頭來玩這個遊戲時，請站得離電腦螢幕遠一點，你的整個身體才會出現在舞台中。

13 建立一個叫做「難易度」的新變數。數值可以從 0 到 100，數值愈高，遊戲愈難。不要勾選這個變數，不要讓它出現在舞台上。

☐ 難易度

14 你需要增加視訊偵測的擴充功能，才能使用鏡頭來玩遊戲。點選螢幕左下方的「添加擴展」，接著選擇「視訊偵測」。現在積木區會出現一區叫做「視訊偵測」的積木。用右邊的程式來設定「難易度」並打開鏡頭。一開始先試著將「難易度」設為 40。你的房間背景和亮度會影響遊戲的難易，待會兒你可以再視操作結果來調整難易度的值。先不要執行遊戲。

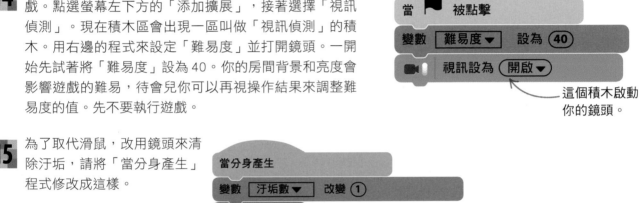

這個積木啟動你的鏡頭。

15 為了取代滑鼠，改用鏡頭來清除汙垢，請將「當分身產生」程式修改成這樣。

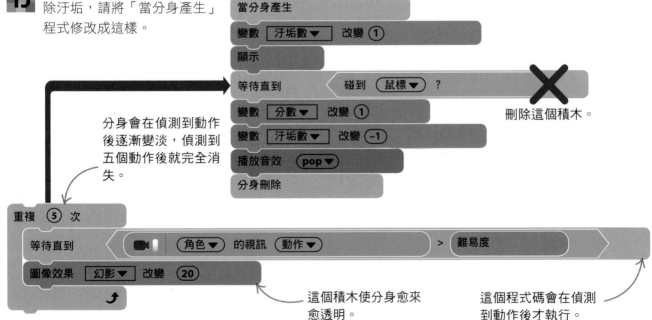

分身會在偵測到動作後逐漸變淡，偵測到五個動作後就完全消失。

刪除這個積木。

這個積木使分身愈來愈透明。

這個程式碼會在偵測到動作後才執行。

△ 如何做到

舊的程式是在鼠標碰到汙垢分身時，將汙垢移除。現在則是由鏡頭偵測觸碰分身的動作，但必須偵測到五次，每次增加一些幻影效果，讓汙垢漸漸消失。就像你真的在擦汙垢一般，它會慢慢變透明並消失。

16 執行這個遊戲。螢幕可能會彈出一個小視窗，詢問你可不可以讓Scratch使用你的鏡頭，請選擇「允許」。接下來，你會看到自己出現在汙垢的後面。試著揮手把汙垢清除，如果它們沒有消失，可將難易度的設定值改小一點，再執行遊戲。

點擊這裡，切換成全螢幕。

這個遊戲在全螢幕模式下比較容易玩。

改造與調整

這裡有些提示可用來調整這個遊戲，也歡迎你自行嘗試。一旦你知道如何使用Scratch的動作偵測功能，你就可以創造各式各樣的遊戲，鼓勵大家跟你一起玩！

變數「最高紀錄」只會在玩家分數超越它時改變數值。

```
當收到訊息  時間到！ ▼

如果    分數   >   最高紀錄   那麼
    變數  最高紀錄 ▼  設為   分數
```

△ **最高分數**

在遊戲中增加最高紀錄十分容易：只要建立新變數「最高紀錄」，接著加入左邊的程式。你也可以將紀錄保持人的名字呈現在舞台上（可參考厄運隧道專案）。

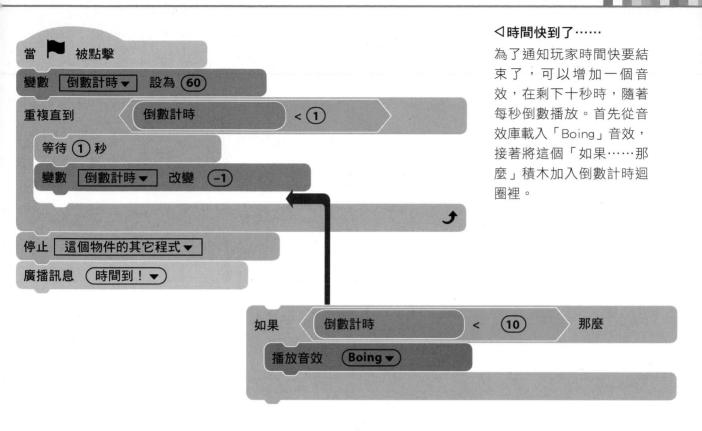

◁ 時間快到了……
為了通知玩家時間快要結束了，可以增加一個音效，在剩下十秒時，隨著每秒倒數播放。首先從音效庫載入「Boing」音效，接著將這個「如果……那麼」積木加入倒數計時迴圈裡。

▽ 難易度滑桿
如果你發現你需要經常調整難易度的設定，你可以將難易度滑桿放在舞台上。勾選難易度變數，讓它呈現在舞台上。對它按右鍵（或按住 control/shift 鍵）並選擇「滑桿」。

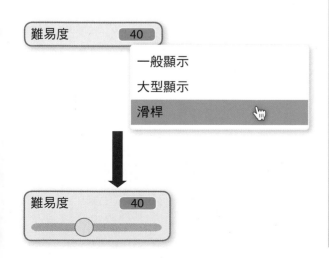

● ● 試試看

多人版本

現在要來挑戰你的程式功力了。複製一份視窗清潔員遊戲的副本，接下來試著改造成多人一起玩的版本，每個玩家必須清除特定顏色的汙垢。你需要為每個玩家設定各自的分數變數，並在分身的程式中加入「如果……那麼」積木，就能根據清除的造型數量來計算不同玩家的分數。

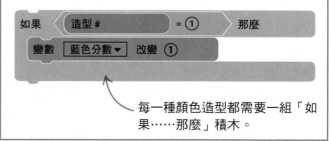

每一種顏色造型都需要一組「如果……那麼」積木。

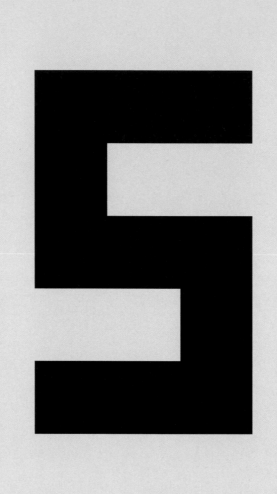

生活中的創意

下雪了

要是真的雪掉在你的電腦裡，雪會融化並弄壞你的電路板，但這個專案會告訴你如何運用Scratch做出超級安全的虛擬雪花，雪會從天空落下，覆蓋在地上或東西上，形成積雪。

如何運作

每一片雪花都是一個分身，從舞台上方向下移動，同時左右飄動，就像真的雪花一樣。當雪花落在某個東西上或碰到底部，就會蓋印自己的圖像。

這些雪花都是一個圓形的分身。

雪從上方落下並積在底部。

雪堆積在角色上。

△雪人
在這個專案中，你可以載入任何角色，並讓雪堆積在上面。雪人角色在這裡很適合。

△隱藏的圖片
可加入隱藏物件，讓積雪慢慢使它原形畢露。你可以使用角色庫裡的角色、自己畫一個物件，或是寫一個超大的你的名字。

下雪吧

首先畫一個簡單的白色圓形，作為雪花的造型。接著製造分身，讓每一片小雪花從舞台上方落下，使天空下起雪來。

在這裡輸入「雪花」。

1 開始一個新專案。刪除貓咪角色，點選角色選單中的繪畫圖示 ✎，開啟繪圖編輯器來創造一個新角色。在你開始畫之前，將角色重新命名為「雪花」。

資訊面板

2 選擇繪圖編輯器中的圓形工具，在中間畫一個白色小圓。在你畫圓時，同時按住shift鍵，就能畫出正圓。

這裡選擇實心填滿。

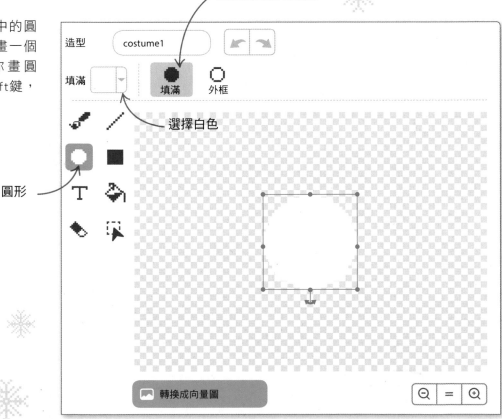

選擇白色

圓形

3 圓形的邊緣有一個方框,為了確定圓形的尺寸正不正確,你可以拉動方框的角落來調整圓形的尺寸。目標尺寸是50×50。如果方框消失了,可以用選取工具重新框住圓形。

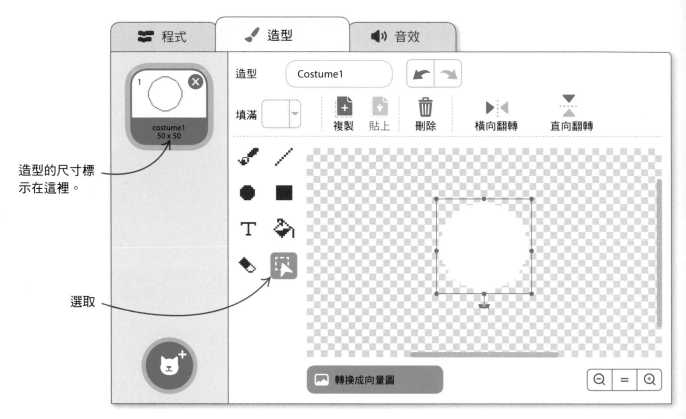

造型的尺寸標示在這裡。

選取

4 現在加入一個背景,這樣你就可以看見落下的雪。點選背景選單的繪畫圖示 ✎,在繪圖編輯器中創造一個新背景。

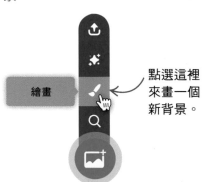

繪畫

點選這裡來畫一個新背景。

5 你可以混合兩種顏色來填滿背景,讓它變得更有趣。確定左下角已選「轉換成點陣圖」。接著點選填滿工具,選擇垂直漸層。第一種顏色選深藍色,第二種顏色選淡藍色。

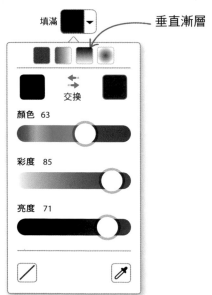

垂直漸層

6 現在選擇填滿工具，點一下背景的繪圖區，將背景填滿顏色。你可以使用任何喜歡的顏色，不過注意雪在深色背景中會比較明顯。

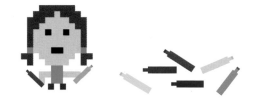

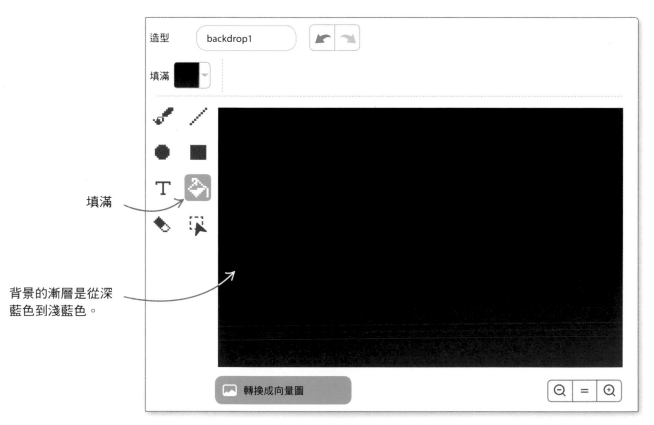

造型　　backdrop1

填滿　　

填滿 →

背景的漸層是從深藍色到淺藍色。

轉換成向量圖

7 你必須像之前的專案一樣（見第100頁）增加畫筆擴充功能。接著選擇角色列表的雪花，打開「程式」標籤頁，加入右邊的程式來製作雪花的分身。先不要執行專案。

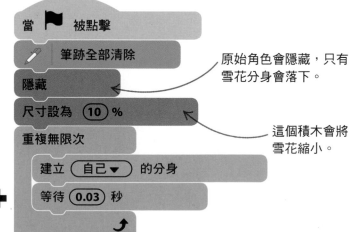

當 ▶ 被點擊

筆跡全部清除

隱藏　　　　　　　原始角色會隱藏，只有
　　　　　　　　　雪花分身會落下。

尺寸設為 **10** %　　　　　　　　　這個積木會將
　　　　　　　　　　　　　　　　　雪花縮小。

重複無限次

　建立（自己▾）的分身

　等待（0.03）秒

8 現在加入這段程式,讓雪花分身從舞台上方掉落到下方,並且左右飄動。

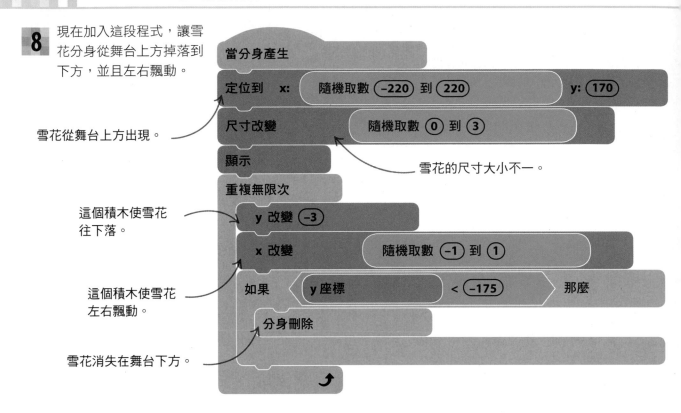

當分身產生

定位到　x: 　隨機取數 (−220) 到 (220)　　　y: (170)

尺寸改變 　　隨機取數 (0) 到 (3)

雪花從舞台上方出現。

顯示

雪花的尺寸大小不一。

重複無限次

這個積木使雪花往下落。

y 改變 (−3)

x 改變 　隨機取數 (−1) 到 (1)

這個積木使雪花左右飄動。

如果 〈 y 座標 　　　< (−175) 〉 那麼

分身刪除

雪花消失在舞台下方。

9 執行這個專案。雪應該會往下落,消失在舞台下方。

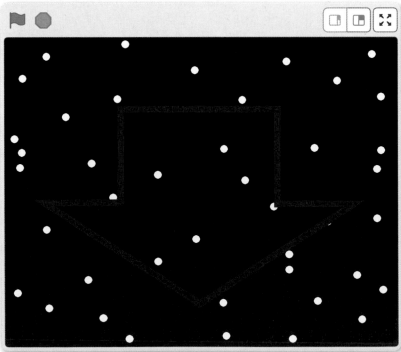

積雪

當天氣非常冷時，雪落到地面並不會立刻消失，而是會堆積起來。只要跟隨以下步驟，就能簡單的將虛擬的雪堆積在其他東西上。

10 首先是讓雪堆積在舞台下方。你可以只是讓分身留在舞台下方，但Scratch的舞台最多只能有300個分身，所以你的雪會用完。最簡單的解決方法就是讓每個分身蓋印一個自己的複製品，再將自己刪除。

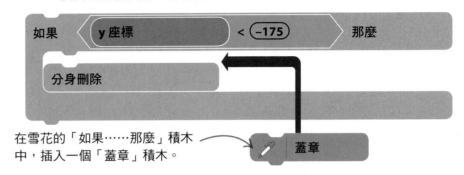

在雪花的「如果……那麼」積木中，插入一個「蓋章」積木。

11 執行這個專案，雪應該會聚集在地上，但只會有薄薄一層。如果想讓它堆積成小山，可以增加另一個「如果……那麼」積木，讓分身在碰到任何白色物體（例如其他雪花）時，蓋章產生複製品。

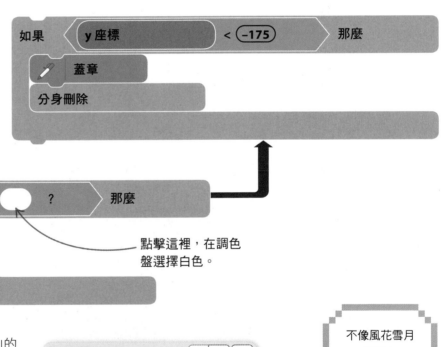

點擊這裡，在調色盤選擇白色。

12 執行這個專案，觀賞雪堆積成山的樣子。你會發現一個問題，那就是雪花會堆積成美麗的雕塑，但不像真正的雪堆積成毯子一般。

雪花會黏在任何白色物體上。

不像風花雪月那般！

13 為了形成厚厚的積雪，試試以下調整方式吧。現在，當雪花碰到白色物體時會擲骰子，只有在擲到1時才會蓋印。這會減少雪花蓋印的機會，而更可能飄落到更遠處，形成厚重的積雪。

加入一個「且」積木，代表兩個條件都要成立。

當Scratch骰出1時這個積木才成立。

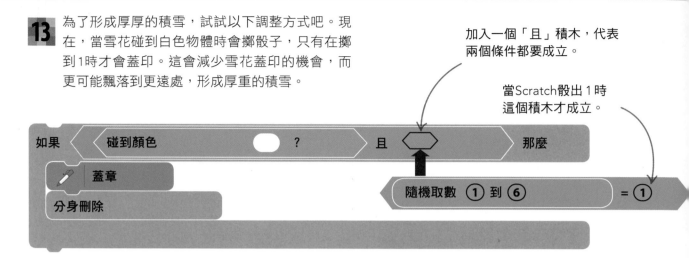

14 執行這個專案來看看發生什麼事。你可以試著將隨機取數積木中的數字6改成其他數字。數字愈大，積雪就會愈扁平。

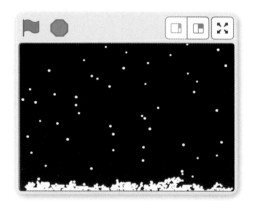

15 現在增加一個角色，讓雪可以落在他身上。點擊角色列表的角色圖示 🐱，從角色庫中選擇一個角色，例如Snowman。在雪花角色的程式中加入一個新的「如果……那麼」積木，如下圖，讓雪落在角色的身上。

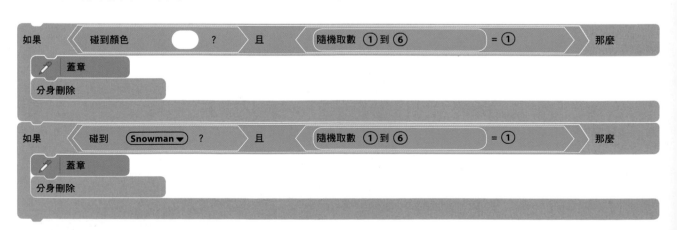

加速模式

如果你沒有耐心等待積雪，你可以啟動Scratch的「加速模式」來加快進展。先按住shift鍵再點擊綠旗執行專案，Scratch就會用最短的時間快速執行程式。你的雪花現在很快就會堆積成山了。

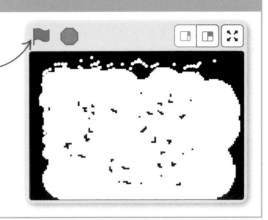

按住Shift鍵並點擊綠旗，就能切換加速模式。

神祕圖片

調整專案使雪花落在隱形物體上，讓它慢慢現形。這很容易。在你修改前，先將專案另存一個副本。

16　點擊角色列表的繪畫圖示 ✎，創造一個新角色，命名為「隱形物體」。現在使用繪圖編輯器來創造你的隱形物體，它可以是任何東西，例如房子、動物或某人的名字，不過最好只用一種顏色並且大一點。你可以為這個角色創造許多造型。

17　加入這段程式定位隱形角色，並使用幻影效果將它隱藏。不能使用「隱藏」積木，因為這樣雪花不會附著在上面。

這個積木將角色隱藏，但雪花分身能偵測到它。

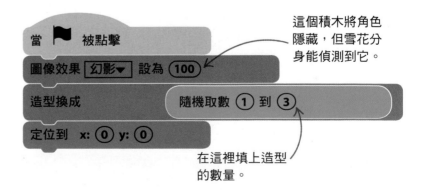

當 ▶ 被點擊

圖像效果 幻影▼ 設為 100

造型換成 隨機取數 1 到 3

定位到 x: 0 y: 0

在這裡填上造型的數量。

18 將分身的程式修改如下。現在雪花只會附著在隱形角色上，碰到舞台底部時會消失。

> 又是一個下雪天！
> 我喜歡！

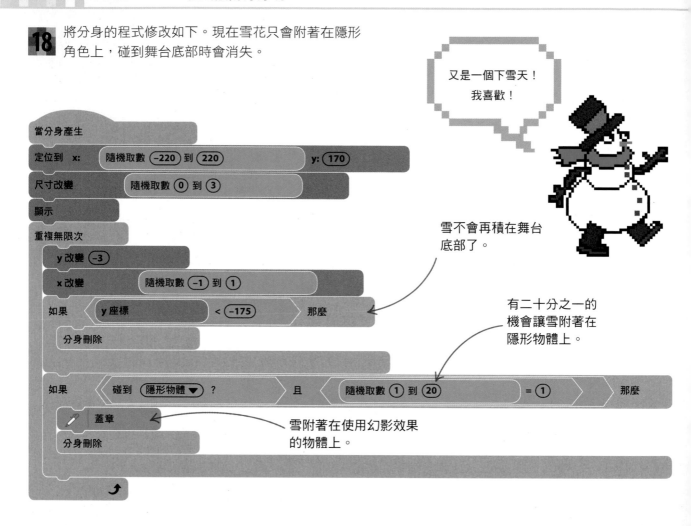

雪不會再積在舞台底部了。

有二十分之一的機會讓雪附著在隱形物體上。

雪附著在使用幻影效果的物體上。

19 接下來從背景圖庫中載入一個寒冷的背景，例如「Winter」。看著你的隱藏物體從雪中顯現。你可以從建立分身的迴圈中移除「等待」積木，或使用「加速模式」來加快程式執行的速度。

改造與調整

對任何專案或遊戲來說，下雪或下雨可以作為很棒的裝飾。試試這些改造方式，為你的Scratch作品帶來一場暴風雪！

▷ 黏著的雪球

偶爾你會看到一小團雪聚集在天空。這是因為兩片雪花落下時碰到了彼此，於是在空中蓋印了自己。一旦發生這樣的情況，就會有愈來愈多雪花黏上去，雪球就會愈來愈大。如果你有跟著這個專案的指示操作，這種情況應該不會太常發生，但如果出現了，可以試著修改程式裡的數字。你可以改變雪花的尺寸和速度、雪花飄動的幅度，以及延長雪花產生分身的時間。

太空船

如果你將雪花改成白色或黃色的點點，並移除「x改變」積木，不再製造雪花落下的飄動效果，你將會得到一個從上往下移動的星空。加入一個黑色背景、一艘太空船、一些小行星，你就完成一個簡單的火箭遊戲了。

▷ 將雪加入另一個專案

你可以用步驟1到8的下雪程式積木，將雪加入另一個專案裡，作為很棒的裝飾，就像耶誕卡片一樣。雪不會偵測到其他角色，就只是一個特別的效果。你需要將「圖層移到最上層」積木加入分身程式的開頭，雪花才會落在其他角色的面前。若將雪花改成灰黑色的雨滴，就可以變成下雨的樣子。

將這個積木加入已有程式的最上方。

```
當分身產生

圖層移到 最上▼ 層

定位到 x: 隨機取數 (-220) 到 (220)    y: (170)
```

放煙火

你可能會以為創造一個放煙火的景象需要很多角色，但Scratch的分身功能讓一切變得很簡單。分身很適合用來創造爆炸和其他移動軌跡。在電腦繪圖中，這樣的技術稱為「粒子特效」。

點選綠旗執行專案。

火箭筒會先向上發射再爆炸成煙火。

如何運作

點選舞台的任一處，讓火箭筒朝這個點發射並炸成七彩的煙火。每個煙火都是由單一角色的數百個分身組成。這個專案會模擬重力，讓分身從空中墜落，伴隨著閃爍或淡出。

◁火箭筒

每點一下滑鼠，煙火就會從火箭筒發射出來。可以使用簡單的彩色線條代表火箭筒，或使用Scratch繪圖編輯器來畫個較精緻的火箭筒。

◁分身

為了創造綻放的彩色火花，這個專案會用到300個分身，也就是Scratch最多可用的數量。每個分身都以些微不同的路徑和速度移動，使火花綻放成一個圓。

舞台在爆炸瞬間
會閃爍白光。

每個爆炸都是由發散
自火箭筒的數百個分
身組成。

從「改造與調整」
學會如何加入曲線
軌跡。

你可以自行創造
放煙火的背景。

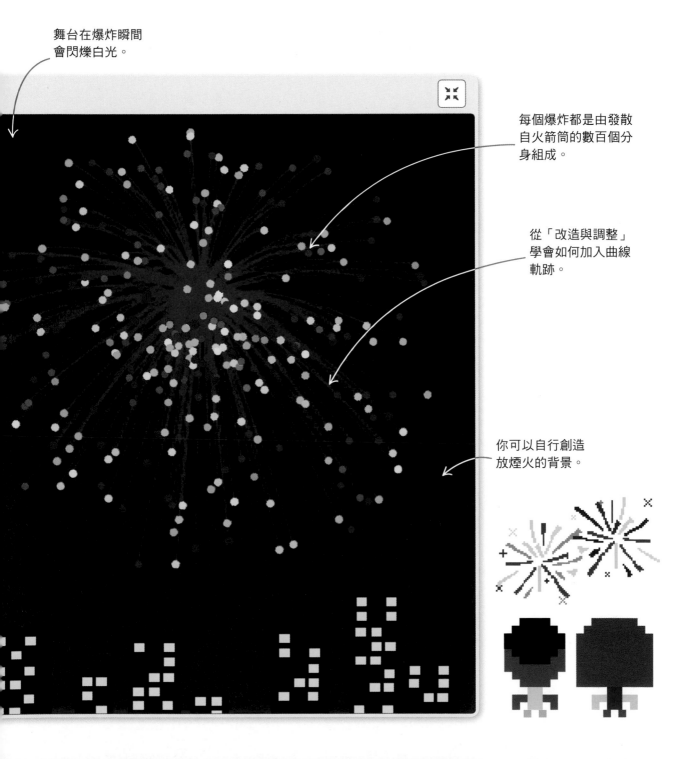

創造火箭筒

這個專案的第一步是創造小型火箭筒，衝上天空並爆炸成絢麗的煙火。這個程式能讓火箭筒飛向你用滑鼠點擊的任何地方。

1 開始一個新專案，對貓咪角色按右鍵，選擇「刪除」。點選角色選單上的繪畫圖示✎，打開繪圖編輯器來創造一個新角色。將角色命名為「火箭筒」。

2 轉換成點陣圖，用線條和筆刷工具畫火箭筒。簡單的紅色線條就可代表迷你火箭筒，不過你可以畫得更精緻。

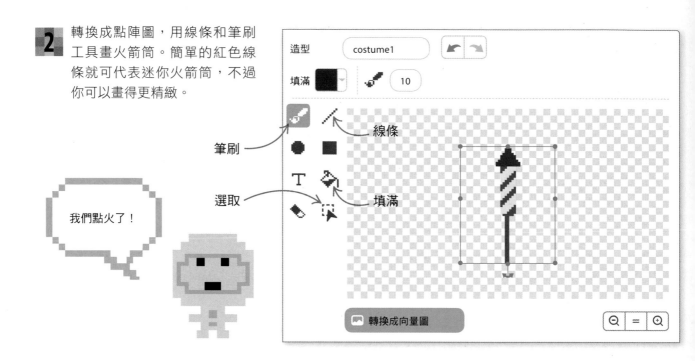

我們點火了！

筆刷

選取

線條

填滿

3 當你滿意的完成火箭筒時，使用選取工具把它框住。接著拖拉一角來縮小火箭筒的尺寸，讓寬小於10、長小於50。你可以在造型列表看到它的尺寸大小。

這些數字代表造型的長和寬。

4 選取Scratch右下方的舞台，點擊「背景」標籤頁。將「backdrop1」改成「閃爍」，在煙火施放時，這個造型會提供閃光。點選背景選單的繪畫圖示✎，創造一個主要背景，取名為「夜晚」。

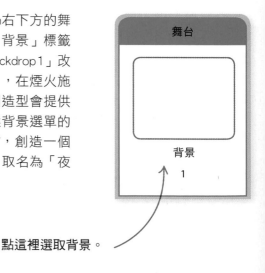

點這裡選取背景。

5 為了讓夜晚的背景更有趣，你可以使用兩個顏色來製造漸層效果，取代單一的黑色。選擇填滿工具，在垂直漸層中選擇兩種藍色，接著使用填滿工具畫上背景，深色會在上方，淺色會在下方。還可以加入黑色和黃色方塊組成城市夜景，作為額外的裝飾。

6 接下來，選擇火箭筒角色，加入這段程式，使它朝向滑鼠點擊的任何地方發射。

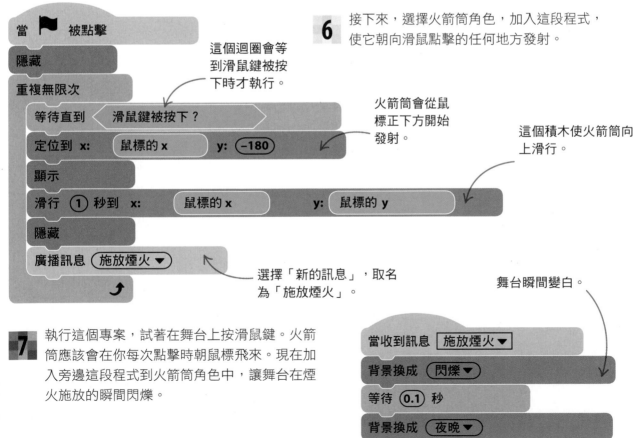

當 🚩 被點擊
隱藏
重複無限次
　等待直到　滑鼠鍵被按下？
　定位到 x: 鼠標的 x　y: (−180)
　顯示
　滑行 ① 秒到 x: 鼠標的 x　y: 鼠標的 y
　隱藏
　廣播訊息 (施放煙火 ▼)

這個迴圈會等到滑鼠鍵被按下時才執行。

火箭筒會從鼠標正下方開始發射。

這個積木使火箭筒向上滑行。

選擇「新的訊息」，取名為「施放煙火」。

7 執行這個專案，試著在舞台上按滑鼠鍵。火箭筒應該會在你每次點擊時朝鼠標飛來。現在加入旁邊這段程式到火箭筒角色中，讓舞台在煙火施放的瞬間閃爍。

當收到訊息 (施放煙火 ▼)
背景換成 (閃爍 ▼)
等待 (0.1) 秒
背景換成 (夜晚 ▼)

舞台瞬間變白。

爆炸的火花

真實的煙火是由上百個「火花」組成，這些易燃的小顆粒會在空中分散並燃燒，產生光彩奪目的顏色。你可以用Scratch的分身功能來模擬煙火火花的呈現。跟著這裡的步驟創造火花並讓它們爆炸吧！

8 點選角色列表的繪畫圖示 ✎，創造一個新角色並命名為「火花」。畫圖之前，在繪圖編輯器的左下方選擇「轉換成向量圖」，因為使用向量圖可以讓火花的圓即使很小，仍保持清晰。

確定你選了這個。

9 因為造型非常小，你可以點擊加號放大畫面。一個簡單的綠色圓形就是你所需要的火花。在調色盤中選擇亮綠色，並選擇圓形工具，在你畫圓時同時按住shift鍵。

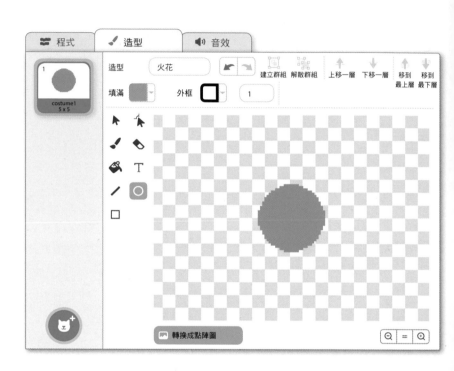

10 觀察造型列表，確認圓形的尺寸約為5×5。如果太大或太小，可以用選取工具 ➤ 點擊綠色圓形，就會出現選取框。按住一角並拖拉方框，就能改變尺寸。

11 現在將下面這段程式加入火花角色中，讓它產生300個隱藏分身，之後用來形成爆炸效果。

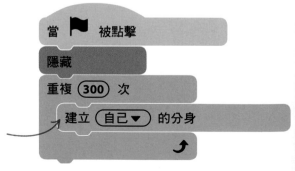

這個積木是使這個角色產生自己的複製品。

12 點選積木區的變數積木，建立一個新變數「速度」。在彈出視窗中，選擇「僅適用當前角色」，這表示每個分身都會有屬於自己的變數與數值，每個火花都獨一無二。取消勾選變數，它就不會出現在舞台上。

13 下一步，將這段程式加入火花角色中，製造一個爆炸效果。每個分身都會各自執行這段程式。

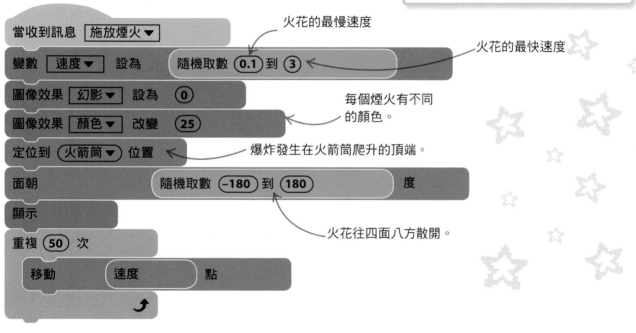

火花的最慢速度

火花的最快速度

當收到訊息 施放煙火▼

變數 速度▼ 設為　隨機取數 (0.1) 到 (3)

圖像效果 幻影▼ 設為 (0)

每個煙火有不同的顏色。

圖像效果 顏色▼ 改變 (25)

定位到 (火箭筒▼) 位置　　爆炸發生在火箭筒爬升的頂端。

面朝　隨機取數 (-180) 到 (180)　度

顯示

火花往四面八方散開。

重複 (50) 次

移動　速度　點

14 加入第二個「重複」迴圈到程式的最下方，讓火花減速、淡出並消失。

這個積木在每次執行迴圈時，稍微減慢火花移動的速度。

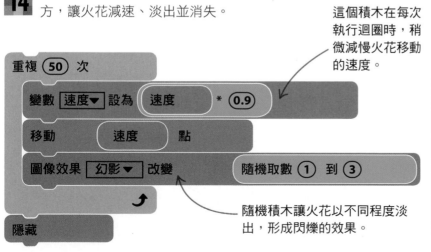

重複 (50) 次

變數 速度▼ 設為　速度　* (0.9)

移動　速度　點

圖像效果 幻影▼ 改變　隨機取數 (1) 到 (3)

隱藏

隨機積木讓火花以不同程度淡出，形成閃爍的效果。

15 試著執行專案。當火箭筒爆炸時，你應該會看到數百個鮮豔的火花飛散空中並消失。

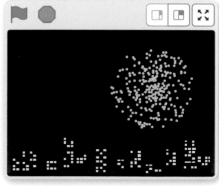

改造與調整

試著做一些改變，來創作多彩或有軌跡的煙火吧。你也可以使用分身功能創造許多視覺效果，也就是電腦藝術家所說的「粒子特效」。

▽ **串連的火花**

執行專案後，當你送火箭筒升空時，有時會看到火花形成一直線。這是因為火花在產生分身前就爆炸了。若要修復這個問題，可在火花角色的「當綠旗被點擊」積木下方加一個「廣播訊息」積木，並修改火箭筒的程式，讓它只在收到廣播訊息後才執行程式。

火花角色　　　　　　　　　　　　　　　火箭筒角色

▽ **煙火的顏色變化**

真實世界裡，煙火設計師使用化學物質製造不同的顏色。
試著改造火花角色，讓煙火在爆炸時改變顏色。

增加數值，讓顏色
變化更快。

煙火的顏色會在施放
的過程中改變。

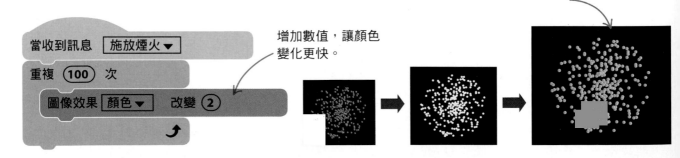

▽ 多彩煙火

試試這個積木，讓煙火的每個火花都有不同的顏色。

當收到訊息時，每個分身會分別執行程式。

當收到訊息 施放煙火▼

圖像效果 顏色▼ 設為 隨機取數 (-100) 到 (100)

▽ 重力軌跡

為了讓火花在重力拉扯下，以弧線下墜，並留下色彩繽紛的軌跡，可以參考右圖修改程式。完成後記得刪除原來的程式。當時間增加，火花會墜落得更快，這就是重力的作用。看看你能不能想出如何修改軌跡的顏色，或使它們變亮或淡出（提示：你需要使用畫筆擴充功能）。

這個積木會重設計時器為 0，接著重新開始計秒。

火花會隨著計時增加，下墜愈來愈快。

這個積木會移除所有軌跡。

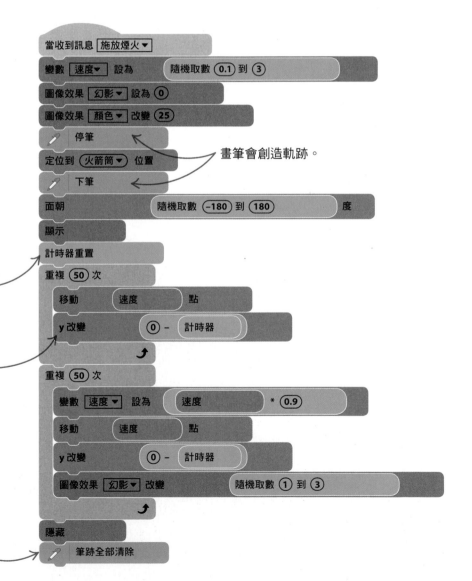

當收到訊息 施放煙火▼

變數 速度▼ 設為 隨機取數 (0.1) 到 (3)

圖像效果 幻影▼ 設為 (0)

圖像效果 顏色▼ 改變 (25)

停筆

定位到 火箭筒▼ 位置

畫筆會創造軌跡。

下筆

面朝 隨機取數 (-180) 到 (180) 度

顯示

計時器重置

重複 (50) 次
　移動 速度 點
　y 改變 (0) - 計時器

重複 (50) 次
　變數 速度▼ 設為 速度 * (0.9)
　移動 速度 點
　y 改變 (0) - 計時器
　圖像效果 幻影▼ 改變 隨機取數 (1) 到 (3)

隱藏

筆跡全部清除

碎形樹

你可能認為畫一棵樹需要一雙很有藝術觀察力的眼睛和一堆繁瑣的工作，但這個專案可以把這件事變成全自動。這個程式模擬了樹在大自然中生長的方式，所創造的特別形狀稱為「碎形」。

每一片葉子都是球角色的分身。

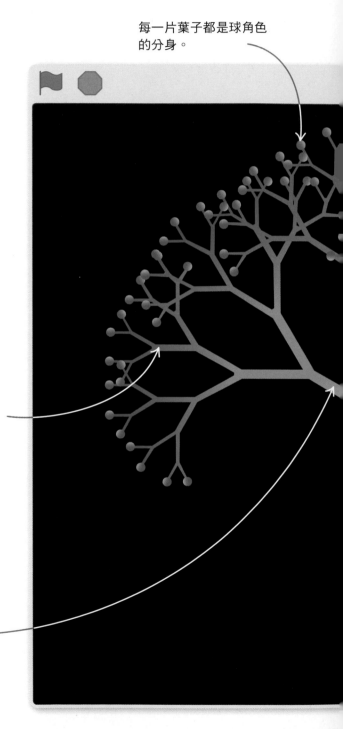

如何運作

執行這個專案時，樹會從地上開始向上生長，不停分裂。這是一棵以重複的圖案所組成的碎形樹。如果你將碎形的一部分放大來看，它會看起來跟整體形狀很相似。在電腦程式中，使用迴圈功能可以很容易做到這個重複的動作。

愈末端的樹枝會愈細、愈綠。

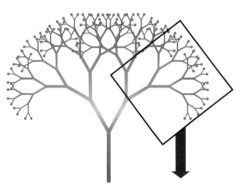

這一部分看起來像是整棵樹的迷你版。

樹枝是用 Scratch 的筆畫的。

球分身在每一次分岔時變成兩倍數量，並畫出樹枝。

點擊這個圖示，離開全螢幕模式。

羅馬花椰菜

埃及的納賽爾湖

人體內的靜脈

△ 自然界中的碎形

自然界許多物體都有碎形，像是樹、河流系統、雲朵、血管，甚至花椰菜。碎形的形成經常是由於物體不斷分枝，例如樹或血管生長的方式。

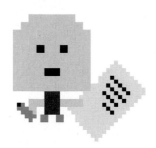

如何運作

在「恐龍舞會」專案中，我們看到了如何使用演算法來重複執行芭雷舞者的舞步（演算法是一連串有嚴謹順序的簡單指令）。在這個專案中，畫樹的程式也運用了演算法。拿出紙和筆，試著完成以下三個步驟。

1 用一枝粗筆畫一條直線。

2 在直線頂端畫兩條較短而細的線，一條往左邊，一條往右邊，兩條線中間有夾角。

3 這棵樹完成了嗎？如果還沒，就回到第二步。重複這個簡單的指令，就能創造有數百個分支的複雜形狀，就像真的樹一樣。

樹葉和樹枝

跟著以下步驟創造一棵碎形樹，用Scratch的球角色當作樹葉，並用Scratch的畫筆來畫出樹枝。這段程式會在每次樹枝分支時創造新分身，愈來愈多的分身使樹從一根樹幹長出一整片樹枝。

1 開始一個新專案並刪除貓咪角色。點選角色圖示 🐱，從角色庫加入球角色（搜尋Ball），重新命名為「樹葉」。打開「造型」標籤頁，選擇綠色的造型。

樹葉

2 點選變數，在你的專案中建立以下變數：「角度」、「長度」和「縮小係數」。不要勾選這些變數，這樣它們就不會出現在舞台上。

點擊這裡，建立每個變數。

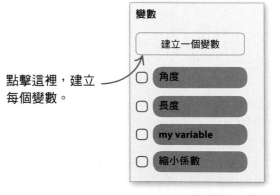

變數

建立一個變數

⬜ 角度

⬜ 長度

⬜ my variable

⬜ 縮小係數

3 將下列程式加入樹葉角色中。記住,你需要加入畫筆擴充功能。你也需要新增兩個訊息:「畫樹枝」和「分裂樹枝」。先不要執行。

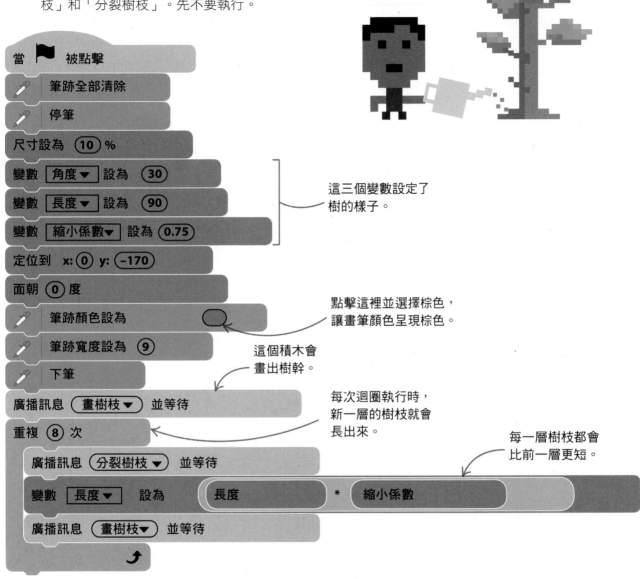

當 🏳 被點擊
✏️ 筆跡全部清除
✏️ 停筆
尺寸設為 10 %
變數 角度▼ 設為 30
變數 長度▼ 設為 90
變數 縮小係數▼ 設為 0.75

> 這三個變數設定了樹的樣子。

定位到 x: 0 y: -170
面朝 0 度
✏️ 筆跡顏色設為 ⬤

> 點擊這裡並選擇棕色,讓畫筆顏色呈現棕色。

✏️ 筆跡寬度設為 9
✏️ 下筆
廣播訊息 畫樹枝▼ 並等待

> 這個積木會畫出樹幹。

重複 8 次
　廣播訊息 分裂樹枝▼ 並等待
　變數 長度▼ 設為 (長度 * 縮小係數)
　廣播訊息 畫樹枝▼ 並等待

> 每次迴圈執行時,新一層的樹枝就會長出來。

> 每一層樹枝都會比前一層更短。

4 現在加入這段獨立的程式。當從主程式收到「畫樹枝」的訊息時,這段程式會通知每個分身畫出樹枝,接著改變設定讓下一層的樹枝變得更綠、更細。

當收到訊息 畫樹枝▼
移動 長度 點
✏️ 筆跡 顏色▼ 改變 5
✏️ 筆跡寬度改變 -1

5 加入這段程式，讓樹枝開枝散葉。這段程式會製作球的分身，使分身成對，並旋轉它們，使它們面朝不同方向。程式執行時，每個分支的尾端會有兩個分身且面朝不同方向，準備畫出下一層的分支。

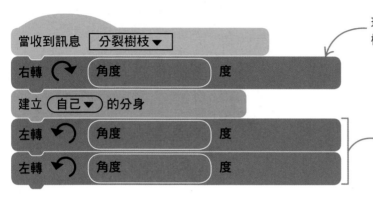

球會轉向，與前一根樹枝形成一個角度。

球最多往相反方向旋轉兩次，準備畫出對稱的樹枝。

6 執行這個專案，你應該成功創造出一棵美麗的樹了。如果想要讓「樹葉」消失，只呈現樹枝，就點擊舞台上的紅色停止圖示。

記得使用全螢幕模式。

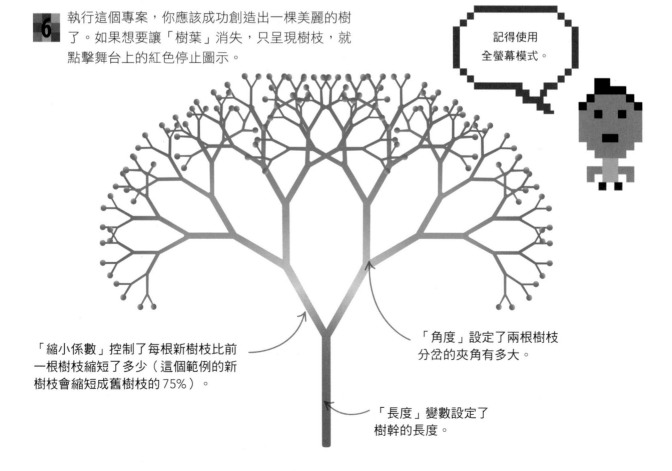

「縮小係數」控制了每根新樹枝比前一根樹枝縮短了多少（這個範例的新樹枝會縮短成舊樹枝的 75%）。

「角度」設定了兩根樹枝分岔的夾角有多大。

「長度」變數設定了樹幹的長度。

7 試著改變背景的顏色，讓你的樹
看起來更加突出。

改造與調整

你可以改變這個專案的設定，讓樹變得奇形
怪狀。也可以加入一些隨機變數，讓每棵樹
都與眾不同。

▽ 不同的角度

試著對第一個橘色積木中的「角度」值實驗看看。你可以加入「隨機取數」積木
來產出隨機形狀的樹木。如果你想要樹看起來自然些，可將最小值與最大值設為
10 和 45。你也可以勾選變數方框，讓變數呈現在舞台上，並打開滑桿，就能更容
易的變換數值。如果你要這樣做，必須先刪除程式中的「變數角度設為」積木。

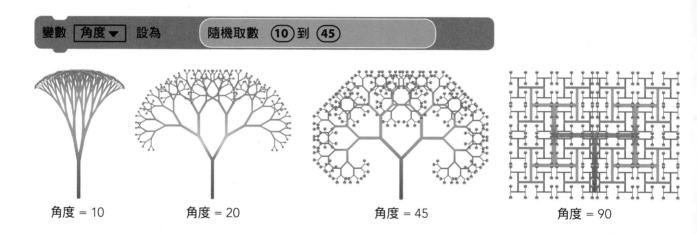

角度 = 10   角度 = 20   角度 = 45   角度 = 90

▽ 不斷改變角度

如果你將「變數角度設為」積木移到迴圈
中，樹枝的夾角就會在每次分支時改變。

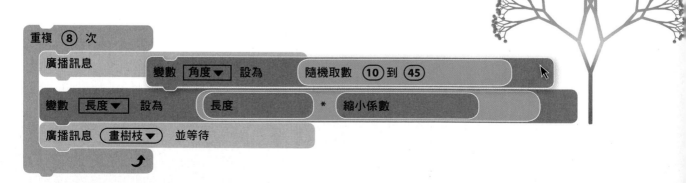

▽ 你的樹有多高？

試著改變「長度」和「縮小係數」的
值，但要小心樹很可能變得非常矮，
或高大到超出舞台。

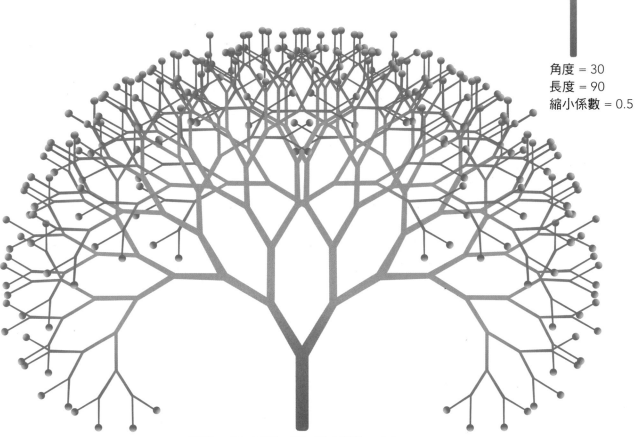

角度 = 30
長度 = 90
縮小係數 = 0.5

角度 = 30，長度 = 50，縮小係數 = 0.9

改變這個數字或在程式開
頭將它設定成變數。

```
重複 8 次
    廣播訊息 分裂樹枝▼ 並等待
    變數 長度▼ 設為   長度   *   縮小係數
    廣播訊息 畫樹枝▼ 並等待
```

▽ 不要超過分身最大值！

「重複」迴圈的數字會控制樹枝分裂出新樹枝
的次數。8 是能畫出所有小樹枝的最大值，因
為它總共創造出255個分身，而Scratch的上限
是 300 個分身。

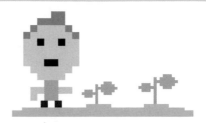

長成一片森林

你可以調整這個專案,讓樹在你所點擊的任一地方長出來,像森林一樣布滿舞台。照著以下步驟修改程式就能達到這個效果。

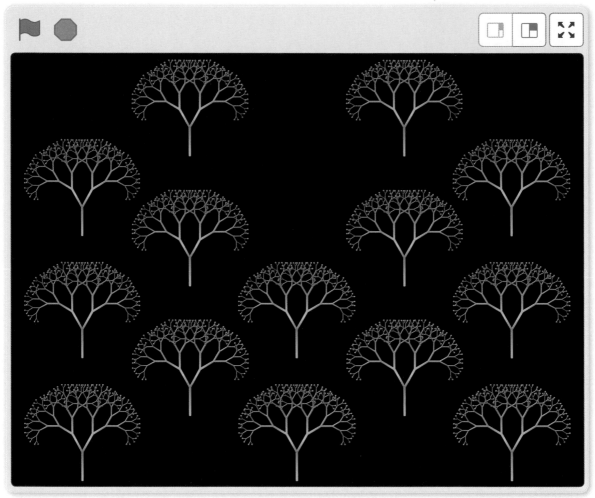

1 加入這段程式,在長出下棵樹之前,將整棵樹蓋章並刪除分身。

點開選單,新增一個訊息:「刪除所有分身」。

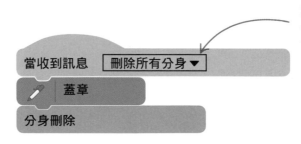

2 將主程式修改
如下。

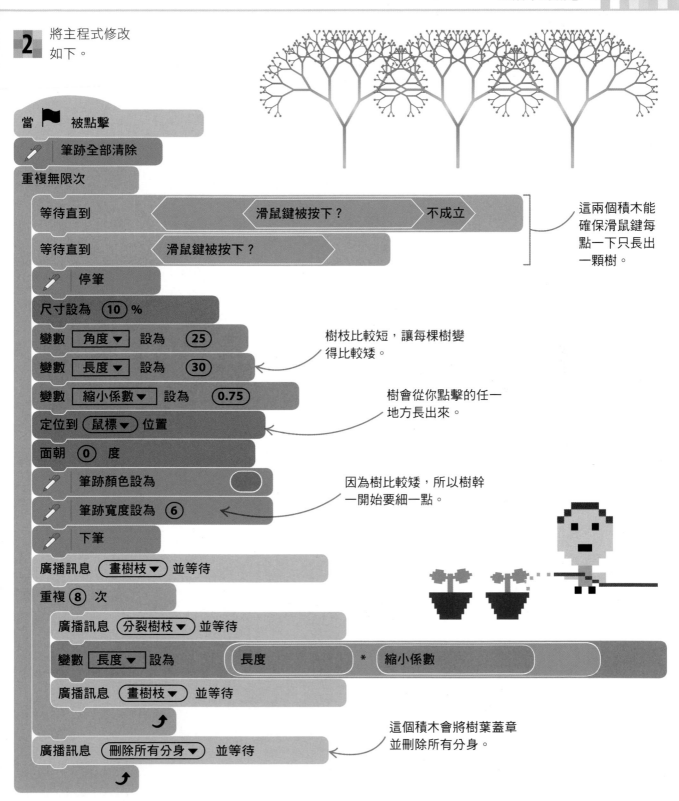

當 ▶ 被點擊

🖋 筆跡全部清除

重複無限次

　等待直到　　〈　　　　滑鼠鍵被按下？　　　　不成立　〉

　等待直到　　〈　　滑鼠鍵被按下？　　〉

這兩個積木能
確保滑鼠鍵每
點一下只長出
一顆樹。

　🖋 停筆

　尺寸設為 (10) %

　變數 [角度▼] 設為 (25)

　變數 [長度▼] 設為 (30)

樹枝比較短，讓每棵樹變
得比較矮。

　變數 [縮小係數▼] 設為 (0.75)

　定位到 (鼠標▼) 位置

樹會從你點擊的任一
地方長出來。

　面朝 (0) 度

　🖋 筆跡顏色設為 (　　　)

　🖋 筆跡寬度設為 (6)

因為樹比較矮，所以樹幹
一開始要細一點。

　🖋 下筆

　廣播訊息 (畫樹枝▼) 並等待

　重複 (8) 次

　　廣播訊息 (分裂樹枝▼) 並等待

　　變數 [長度▼] 設為 (長度 * 縮小係數)

　　廣播訊息 (畫樹枝▼) 並等待

　　↰

　廣播訊息 (刪除所有分身▼) 並等待

這個積木會將樹葉蓋章
並刪除所有分身。

　↰

雪花產生器

雪花擁有驚人的多變形狀，據說沒有任何雪花的形狀是一樣的。即使如此，所有雪花仍有一樣的基本結構，也就是對稱的六角形。這個六角對稱圖形使得雪花很容易用電腦來模擬。你可以使用和碎形樹專案一樣的技術，而且這次每個形狀都是獨一無二的。

如何運作

當你執行這個專案時，一片雪花會出現在舞台上。接著你可以讓雪花出現在任何你點擊的地方。每片雪花都有點像是有六根樹幹的碎形樹。使用隨機取數來設定白色線條的長度和角度，你就可以創造出無限多樣的獨特形狀，就像大自然的雪花一樣。

△ 真實的雪花

雪花是由冰晶形成，因為冰晶是六角形，所以雪花有六個邊。當雪花形成時，空氣溫度的些微變化都會影響冰晶形成的方式。由於每一片雪花經過的路徑不同，遇到的溫度變化也不同，所以每片雪花都是獨一無二的。

△ 假的雪花

這個專案從六角形的角色開始，畫出符合真實雪花的六角對稱圖。接下來線條會像碎形樹一樣不斷分裂，但角度更多變。

對稱的分支

跟著以下步驟創造一個簡單、非隨機的雪花，你將
運用碎形樹的概念來創造雪花。

1 開始一個新專案並刪除貓咪角色。點選
角色選單的繪畫圖示 ✏，建立一個新的
空白角色。你不需要畫任何造型，因為
所有畫圖的動作都會用程式來完成。

2 為了讓雪花顯示出來，要
把背景先塗黑。點選視窗
右下方的舞台，點擊積木
區上方的「背景」標籤
頁。接著點選繪圖編輯器
中的填滿工具，將整個繪
圖區填滿黑色。

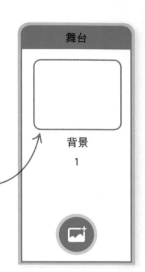

點擊這裡
將舞台選
取起來。

3 點選積木區的變數，加
入五個新變數：「角
度」、「長度」、「層
級」、「對稱值」和「對
稱角度」。不要勾選這
些變數，不用讓它們出
現在舞台上。

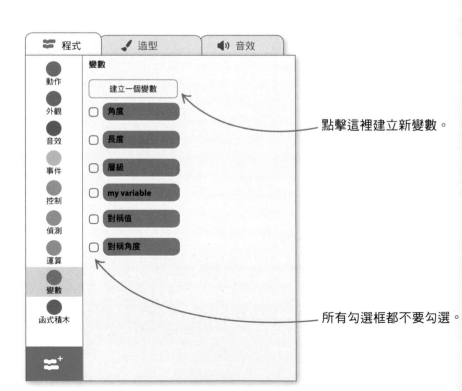

點擊這裡建立新變數。

所有勾選框都不要勾選。

4　選取角色列表上的角色，加入下列程式積木。
記得加入畫筆擴充功能。這個程式會創造出面
朝不同方向的分身來形成一個對稱圖形。

原始角色和分身都會執行這個程式，
各自以自己面朝的方向畫一條分支。

這個數字設定了雪花
有多少分支。

點開選單，建立新訊息：
「畫雪花層」。

當 🚩 被點擊

變數 對稱值 ▼ 設為 6

✏ 筆跡全部清除

✏ 筆跡顏色設為 ⬭

✏ 筆跡寬度設為 1

✏ 停筆

定位到 x: 0 y: 0

✏ 下筆

點擊這個橢圓形，
選擇白色。

當收到訊息 畫雪花層 ▼

移動 　長度　 點

這個積木計算了每個
分支之間的角度。

變數 對稱角度 ▼ 設為 360 / 對稱值

重複 對稱值 − 1 次

　建立 自己 ▼ 的分身

　右轉 ↻ 對稱角度 度

這個迴圈產生了五個面
朝不同方向的分身。

變數 長度 ▼ 設為 100

廣播訊息 畫雪花層 ▼ 並等待

你可以改變每片雪
花的分支，製造出
多變的圖形。

點開選單，建立新訊息：
「畫雪花層」。

5　執行這個專案。雪花
的「對稱值」必須設
成6，但你可以試試
其他數值。

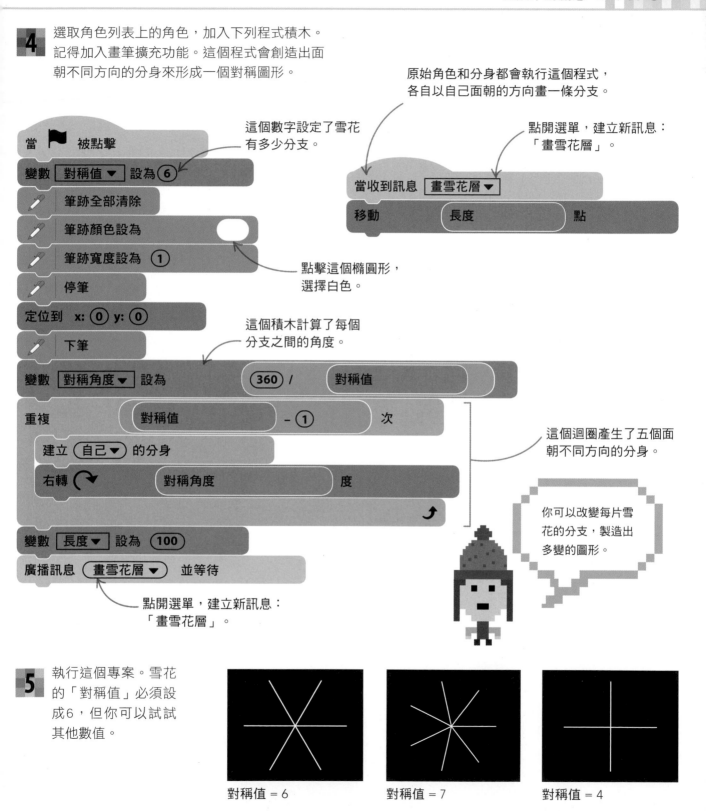

對稱值 = 6　　　　對稱值 = 7　　　　對稱值 = 4

6 每個分身要像碎形樹一樣畫出連續的分支線條，
以便填滿雪花的剩餘空間。將主程式修改如下，
但先不要執行。

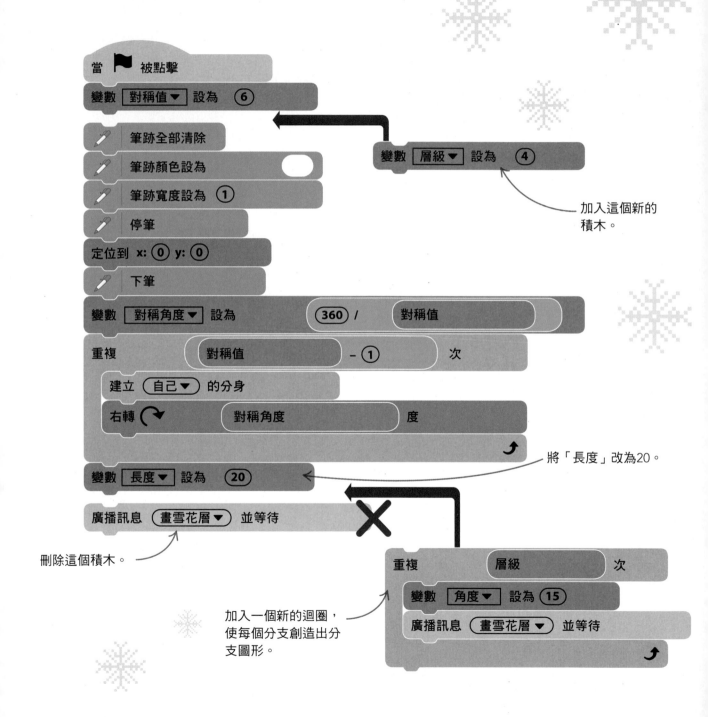

加入這個新的
積木。

將「長度」改為20。

刪除這個積木。

加入一個新的迴圈，
使每個分支創造出分
支圖形。

7 在「當收到訊息」程式下方加入三塊新積木，來建立新的分身。這些積木會創造新分身並讓新舊分身面朝不同方向。

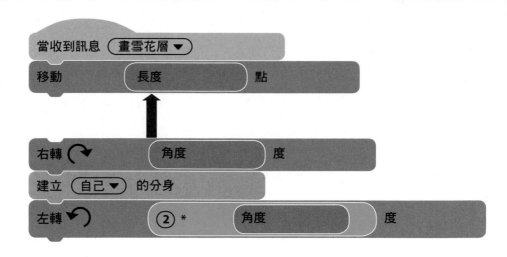

8 現在執行專案，你會看到一個有分支的雪花，如右圖。

使用全螢幕模式來近距離的觀賞這個大雪花。

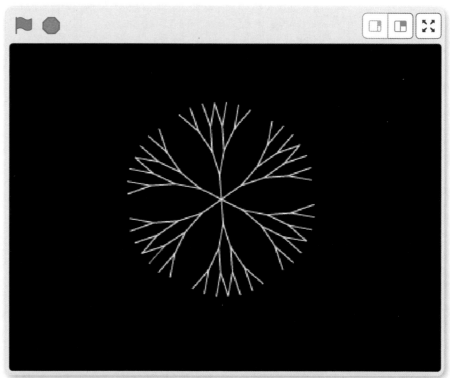

9 改變主程式上方設定「層級」的變數積木數值，看看會發生什麼事。

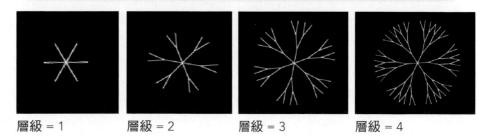

層級 = 1　　　　層級 = 2　　　　層級 = 3　　　　層級 = 4

10 現在來讓每片雪花都變得不一樣吧。請在主程
式中加入一些「隨機取數」積木。

加入這些「隨機
取數」積木。

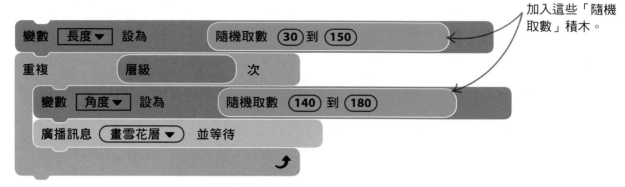

11 執行專案，每次執行
都會得到不同形狀的
雪花。

改造與調整

開始實驗吧！這個專案裡有許多數值，改變任一
個數值都會得到非常不同的圖形。試著改變對稱
值、層級、角度和長度的數值。甚至可以在你的
創作中加入顏色變化。

▷ **奇形怪狀的雪花**

試試這個簡單的改變，
來做出奇形怪狀的雪
花。這個程式會改變每
次分支端點長出的長
度，創作出變化更大的
奇怪形狀。

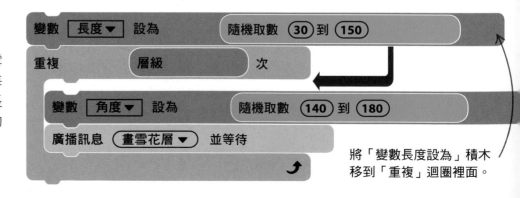

將「變數長度設為」積木
移到「重複」迴圈裡面。

▽ 點擊出雪花

將程式進行以下修改，使雪花出現在舞台上任何你所點擊的地方。這裡也加了一個清理舞台的程式，你的畫面太亂時，可以按下空白鍵來清理。修改前要先確認你的程式是接續在步驟 7 之後。

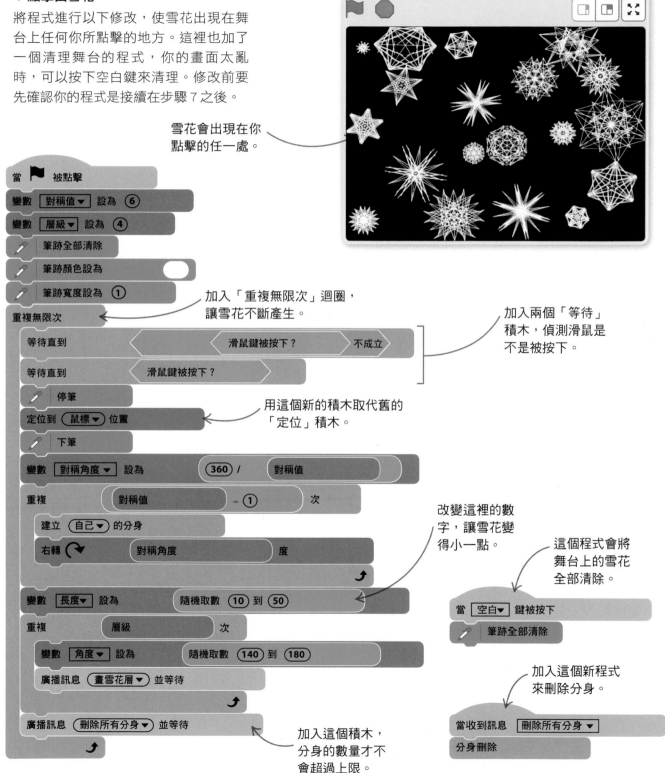

雪花會出現在你點擊的任一處。

加入「重複無限次」迴圈，讓雪花不斷產生。

加入兩個「等待」積木，偵測滑鼠是不是被按下。

用這個新的積木取代舊的「定位」積木。

改變這裡的數字，讓雪花變得小一點。

這個程式會將舞台上的雪花全部清除。

加入這個新程式來刪除分身。

加入這個積木，分身的數量才不會超過上限。

11 現在執行專案，看看
你能不能創造出很酷
的節奏。例如輸入「a
a a a abababab」。別
忘了你可以用空白鍵
或標點符號來安插休
止符。

將鼓點亮

為了讓專案看起來更有趣，你可以在
舞台加上18顆彩色的鼓分身，將鼓圍
繞成一圈，每顆鼓對應一個音效，並
在發出聲音時發亮。

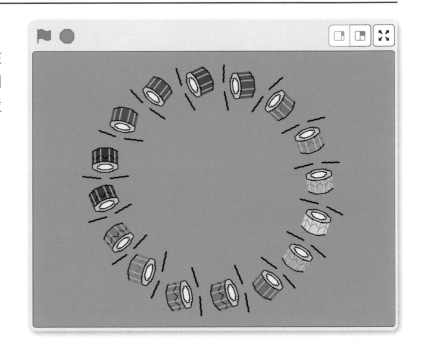

12 點選角色列表的角色圖示 🐱，
從角色庫加入鼓的角色。

Drum

13 增加一個新變數：「鼓編號」，
並選擇「僅適用當前角色」，這
會使每個分身擁有自己的變數副
本。這個變數對應的是每顆鼓獨
一無二的編號，讓鼓能在正確的
時刻發亮。不要勾選變數的小方
框，讓變數不要出現在舞台上。

新的變數　✕

新變數的名稱

鼓編號

○ 適用於所有角色　⦿ 僅適用當前角色

取消　確定

選擇這個選項，
否則鼓不會正常
運作。

14 將下面這段程式加入鼓角色中。當這段程式收到「畫鼓」訊息後，就會在舞台上畫一圈七彩的鼓分身，每顆鼓都有一個特定的編號。

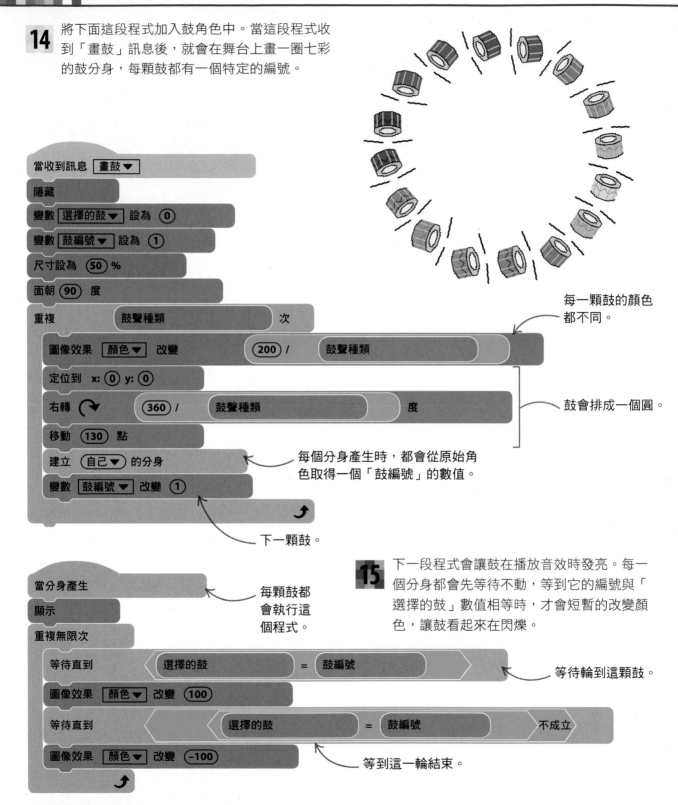

當收到訊息 畫鼓▼

隱藏

變數 選擇的鼓▼ 設為 0

變數 鼓編號▼ 設為 1

尺寸設為 50 %

面朝 90 度

重複 鼓聲種類 次

　圖像效果 顏色▼ 改變 200 / 鼓聲種類

　定位到 x: 0 y: 0

　右轉 ↻ 360 / 鼓聲種類 度

　移動 130 點

　建立 自己▼ 的分身

　變數 鼓編號▼ 改變 1

每一顆鼓的顏色都不同。

鼓會排成一個圓。

每個分身產生時，都會從原始角色取得一個「鼓編號」的數值。

下一顆鼓。

當分身產生

顯示

重複無限次

　等待直到 選擇的鼓 = 鼓編號

　圖像效果 顏色▼ 改變 100

　等待直到 選擇的鼓 = 鼓編號 不成立

　圖像效果 顏色▼ 改變 -100

每顆鼓都會執行這個程式。

15 下一段程式會讓鼓在播放音效時發亮。每一個分身都會先等待不動，等到它的編號與「選擇的鼓」數值相等時，才會短暫的改變顏色，讓鼓看起來在閃爍。

等待輪到這顆鼓。

等到這一輪結束。

16 執行這個專案。鼓應該會依序發亮。試著輸入「abcdefghijklmnopqrstuvwxyz」，看看所有的鼓有沒有依序運作，同時觀察在 r 之後，哪些鼓再次發亮。

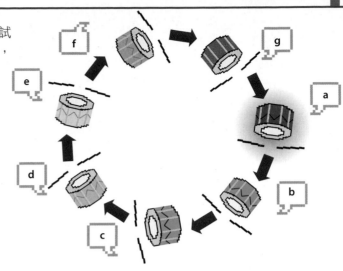

改造與調整

創造一個序列來控制某件事是非常實用的技巧。你可以運用這個概念來設計會自動彈奏的鋼琴、會唱歌的鴨子，或有顯示螢幕的機器人，讓角色執行由字串序列組成的程式。

試試看
用文字彈鋼琴

如果將「演奏節拍」積木改成「演奏音階」積木，你就可以創造一個唱歌的動物。你必須將可用的音階總數設為26，這樣一來，每個字母都能對應到一個音階。

▽ 演奏速度

音樂的步調也就是「演奏速度」。速度愈快，節拍就愈短，音樂也愈快。Scratch有個很方便的演奏速度設定方式，你可以在積木區的音樂類別中找到。勾選演奏速度，它就會顯示在舞台上。將以下程式積木加入鼓角色中，這樣你就可以用方向鍵來改變演奏速度。空白鍵則會將演奏速度重設為每分鐘60拍。

☑ 🎵 演奏速度

當 空白▼ 鍵被按下
🎵 演奏速度設為 60

當 向上▼ 鍵被按下
🎵 演奏速度改變 2

當 向下▼ 鍵被按下
演奏速度改變 -2

奇幻的錯覺

魔幻的圓點

執行這個專案，盯著中間的十字，你會發現四周的粉紅圓點會不停閃爍。幾秒後，一個綠色幻影圓點會出現在其中一個粉紅圓點的位置上，但它並不是真的存在，而是視錯覺，Scratch真是神祕呀！

如何運作

點點非常快速的輪流消失和出現，在圓圈中輪流產生空白。這會讓你的大腦產生錯覺，自動用別的顏色來填補那些消失的圓點，創造出實際上不存在的魔幻綠色圓點。持續注視下去，那些綠色圓點會消除所有粉紅圓點，但這其實也是錯覺！

我是第五個！

△ 角色的分身

每個圓點都是分身。在這個專案中，你會看到每個分身如何擁有自己的一套變數。在這個例子中，分身的識別碼是用來控制哪個圓點要在什麼時候隱藏。

將目光固定在中間的十字上，就會產生錯覺。

使用全螢幕模式，錯覺產生的效果會最好。

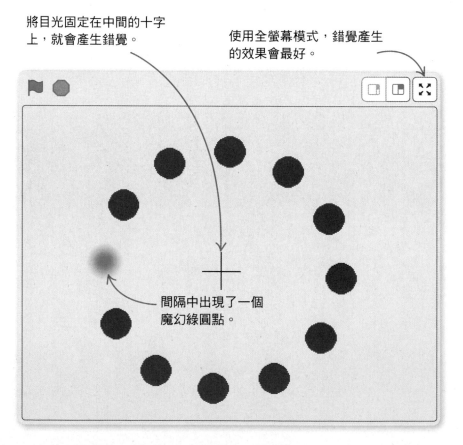

間隔中出現了一個魔幻綠圓點。

△ 腦中的顏色

這種視錯覺稱為「後像」。如果你長時間盯著某個物體，沒有轉動眼球，你眼中接收顏色的受體會疲乏，大腦就會開始忽略這個刺激。當顏色突然消失，你會短暫的看到「負後像」，看起來像某種「色洞」。

粉紅造型

製作這個視錯覺，只需要一個角色就行，
首先你必須畫出一個粉紅色圓點和一個黑
色十字。

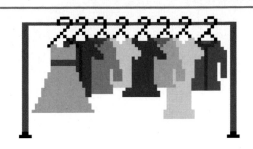

1 開始一個新專案，
移除貓咪角色。點
選角色選單的繪畫
圖示 ✐ 來畫一個新
角色。在調色盤中
選擇亮粉紅色。

要確定你選擇了
這個顏色，否則
錯覺可能不會成
功產生。

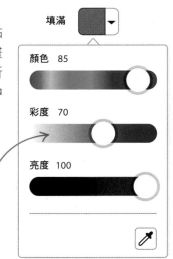

填滿

顏色　85

彩度　70

亮度　100

2 選擇圓形工具，並確定繪圖區上方的
「填滿」已被選取。確定你是在點陣
圖模式。

選擇這個
工具。

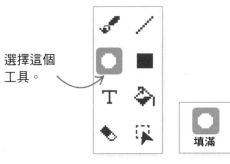

填滿　　外框

3 在靠近繪圖區的中間點擊滑鼠，按住
shift鍵並拖拉滑鼠，拉出一個粉紅色
正圓。確定圓形位在繪圖區中間的小
十字上。

按住shift鍵，以免
畫出橢圓形。

這個數字代表了
造型的尺寸。

4 你新畫的圓點會出現在造型列表上。在它名
字下方的數字代表它的尺寸。你所需要的圓
點尺寸大約是35×35，但別擔心不一樣，下
個步驟會教你如何調整尺寸。

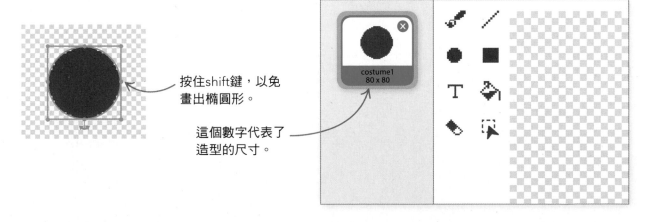

costume1
80 x 80

5 如果圓點太大或太小，拖拉圓形周圍的方框一角，就可以調整大小。如果方框不見了，使用選取工具再一次框住圓點就行了。在繪圖編輯器上方，將造型取名為「圓點」。

拖拉這個角來調整圓點大小。

6 下一步是畫一個黑色十字，讓十字出現在視錯覺的中心點。點選造型選單的繪畫圖示 ✏ 來畫新造型，使用線條工具畫一個黑色十字，尺寸大約是圓點的一半。按住 shift 鍵，就能畫出完全水平或完全垂直的線。

將造型取名為「十字」。

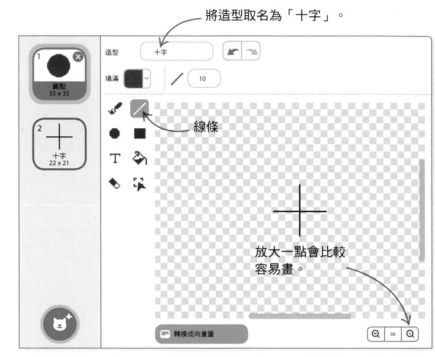

線條

放大一點會比較容易畫。

圓點的分身

現在要將背景填滿並創造圓點的分身了。這段程式會給每個分身一個特定的識別碼，讓它更容易隱藏。

7 在視窗右下角，點擊背景選單的繪畫圖示✏，為視錯覺創造一個適合的背景。

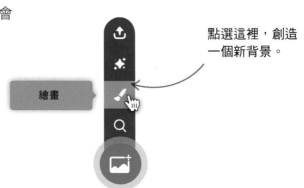

點選這裡，創造一個新背景。

繪畫

8 現在選擇灰色。確定你選了正確的亮度，否則錯覺效果可能會有問題。使用填滿工具 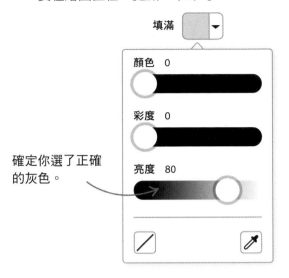 來創造一個灰色背景。只要在繪圖區任一處點一下即可。

填滿

顏色 0

彩度 0

確定你選了正確的灰色。

亮度 80

9 點擊角色，選擇「程式」標籤頁。選擇積木區中的變數，點擊「建立一個變數」。建立叫做「識別碼」的變數，選擇「僅適用當前角色」。這一點很重要，因為這個選項可以讓每個分身擁有自己的一套變數和數值。將積木區的變數取消勾選，這樣變數就不會出現在舞台上。

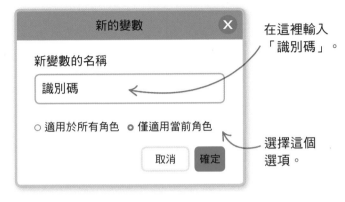

新的變數

新變數的名稱

識別碼 ← 在這裡輸入「識別碼」。

○ 適用於所有角色　● 僅適用當前角色

取消　確定

選擇這個選項。

10 現在加入這段程式積木，創造12個粉紅色圓點分身，並排成一個圓圈。分身在被建立時，會同時複製一套原始角色的「識別碼」變數，所以每個分身都有一個特定的數字。

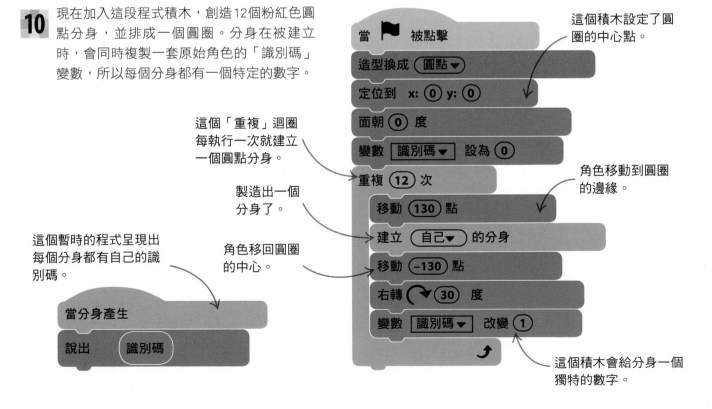

這個「重複」迴圈每執行一次就建立一個圓點分身。

製造出一個分身了。

這個暫時的程式呈現出每個分身都有自己的識別碼。

角色移回圓圈的中心。

當 🏳 被點擊

造型換成 圓點▼

定位到 x: 0 y: 0

面朝 0 度

變數 識別碼▼ 設為 0

重複 12 次

　移動 130 點

　建立 自己▼ 的分身

　移動 -130 點

　右轉 ↻ 30 度

　變數 識別碼▼ 改變 1

這個積木設定了圓圈的中心點。

角色移動到圓圈的邊緣。

這個積木會給分身一個獨特的數字。

當分身產生

說出 識別碼

11 執行這個專案，每個分身都會
說出自己的「識別碼」。每個
識別碼都不一樣，會從0到
11繞一圈。

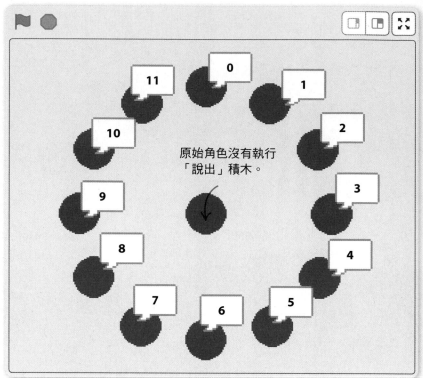

原始角色沒有執行
「說出」積木。

12 現在刪除右圖的程式，因為你不需要
在視錯覺的圖中看見這些對話框。

當分身產生

說出　　識別碼

刪除這個程式。

創造錯覺效果

現在要寫程式讓每個圓點輪流隱藏了。你必須建立新的變數，
稱為「隱藏值」，這個數值會指定哪個分身要被隱藏。

13 點擊積木區的橘色變數積木，建立一個新變
數，取名為「隱藏值」。不要勾選它在積木
區的方框，變數就不會出現在舞台上。

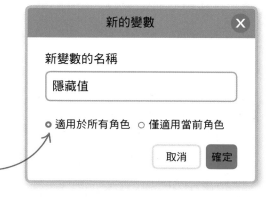

新的變數

新變數的名稱

隱藏值

○ 適用於所有角色　○ 僅適用當前角色

確定你選了這個
選項。

取消　確定

14 將下方的積木加在角色程式的下面，但還不要執行專案。

15 現在將這串程式加入角色中。所有分身都會執行這段程式。只有當分身的「識別碼」和「隱藏值」變數的值相等時，分身才會隱藏。當「隱藏值」增加，圓點就會輪流隱藏。

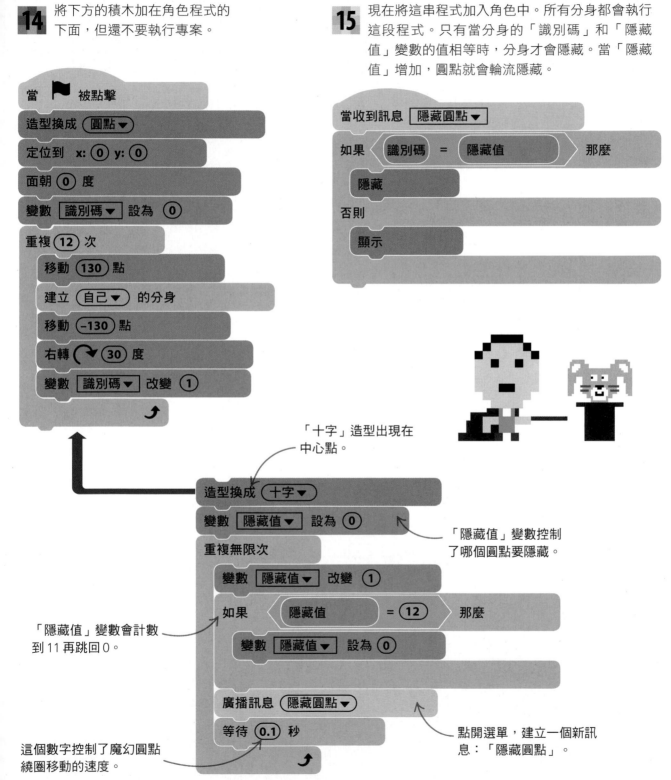

當 🏳 被點擊

造型換成 圓點▼

定位到 x: 0 y: 0

面朝 0 度

變數 識別碼▼ 設為 0

重複 12 次
　移動 130 點
　建立 自己▼ 的分身
　移動 −130 點
　右轉 ↻ 30 度
　變數 識別碼▼ 改變 1

當收到訊息 隱藏圓點▼

如果 識別碼 = 隱藏值 那麼
　隱藏
否則
　顯示

「十字」造型出現在中心點。

造型換成 十字▼

變數 隱藏值▼ 設為 0

「隱藏值」變數控制了哪個圓點要隱藏。

重複無限次
　變數 隱藏值▼ 改變 1
　如果 隱藏值 = 12 那麼
　　變數 隱藏值▼ 設為 0
　廣播訊息 隱藏圓點▼
　等待 0.1 秒

「隱藏值」變數會計數到 11 再跳回 0。

點開選單，建立一個新訊息：「隱藏圓點」。

這個數字控制了魔幻圓點繞圈移動的速度。

16 執行這個專案。你應該會看到空白沿著圓圈移動。將舞台切換
到全螢幕模式，盯著十字看。幾秒後，你會看到魔幻的綠色圓
點出現。繼續注視十字，魔幻圓點會開始消除粉紅色圓點。當
你將目光移開，又會再次看到空白。

注視十字來產生錯覺。

若你直接看向魔幻圓點，它就會消失。

我正在看東西！

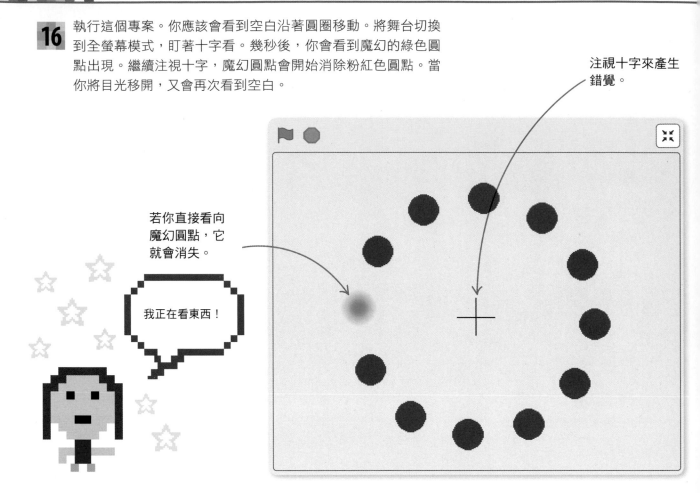

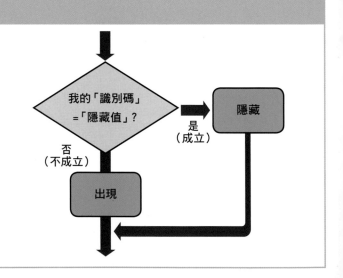

專家技巧

如果……那麼……否則

想要根據問題的答案來執行或跳過一整段程式，「如果……那麼」積木非常好用。但如果你想要事件成立時做一件事、不成立時做另一件事呢？這時你可以用兩個「如果……那麼」積木，但工程師太常遇到這個狀況，所以發明了另一種解決方式：「如果……那麼……否則」。「如果……那麼……否則」積木有兩個缺口，可以放兩組積木。上面一組在事件成立時執行，下面一組在事件不成立時執行。

改造與調整

你可以更進一步研究這個令人目眩神迷的視錯覺。當你改變圓點或背景的顏色，或改變隱藏的速度，錯覺還會產生嗎？如果有更多圓點，或同時有更多個圓點被隱藏呢？在這之中有無限可能。儲存一份副本並開始改造程式。

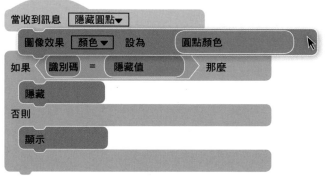

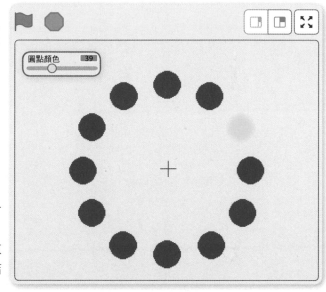

▷ 控制顏色

為了找出哪一個顏色產生的錯覺效果最強烈，可建立一個新變數，叫做「圓點顏色」，在舞台上開啟滑桿功能。將一個「圖像效果顏色設為」積木加入角色程式的「當收到訊息」積木下方。執行這個專案，試試不同顏色的結果。哪一種顏色效果較佳？魔幻圓點的顏色也有改變嗎？

試試看

加速

試著加入一個新變數，命名為「延遲」，用來設定魔幻圓點的移動速度。你必須將右邊的兩個積木加入程式中，但試試看你能不能找出它們該放在哪裡。對著舞台上的變數按右鍵（或control/shift鍵）並選擇「滑桿」。如果速度降低，錯覺還會產生嗎？

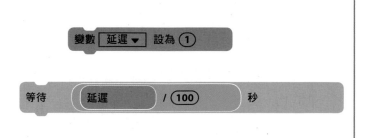

進階螺旋圖

你可以輕輕鬆鬆就使用Scratch的畫筆功能，畫出神奇的視覺效果，例如這個有多種顏色的旋轉螺旋圖。如果你的電腦有麥克風，你還可以調整專案，讓螺旋對聲音做出反應。

你可以用麥克風讓螺旋圖隨著音樂改變！

如何運作

螺旋圖有很多種，不過這個專案只會畫最簡單的那種。只要移動一步，右轉十度，再走兩步，右轉十度，接著走三步……依此類推。

每一次轉彎後，貓咪都會再往前走一點。

這個螺旋圖的每個彎都是轉十度。

這個專案在全螢幕模式下看起來最佳。

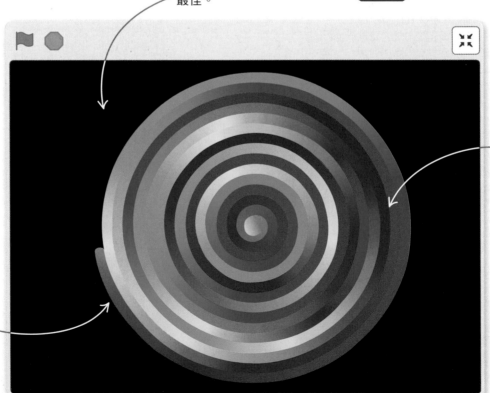

彩色線條的粗細是由聲音的音量來控制。

這個螺旋圖是用Scratch的畫筆畫的。

建立螺旋圖

這個專案會告訴你如何使用Scratch的畫筆功能來創造會快速移動和可互動的效果。跟著以下步驟，先建立一個簡單的螺旋圖。你需要像之前的專案那樣加入畫筆擴充功能。

1 開始新專案。刪除貓咪角色，點選角色選單的繪畫圖示🖌。你不需要畫角色，因為這只是畫筆的指南。將角色命名為「螺旋圖」。

2 現在將舞台變成黑色，讓螺旋圖畫出時更明顯。在視窗右下方點選背景的繪畫圖示🖌。在繪圖編輯器中選擇黑色，然後使用填滿工具來創造一個全黑的背景。確認你是使用點陣圖模式。

 使用填滿工具將背景填色。

3 這個專案需要很多變數。選擇螺旋圖角色並建立這些變數：「重複次數」、「畫筆長度」、「畫筆長度增加值」、「轉向角度」和「開始方向」。不要勾選它們，這樣變數就不會出現在舞台上。

開始方向
角色一開始面朝的方向。

畫筆長度
螺旋圖中每一線段的長度。

重複次數
由多少線段組合在一起。

轉向角度
角色轉了幾度。

畫筆長度增加值
此線段的長度比上一線段長多少。

4 現在建立一個自訂積木來畫螺旋圖。選擇函式積木，點選「建立一個積木」。

輸入「畫螺旋圖」。

點擊「確定」來建立積木。

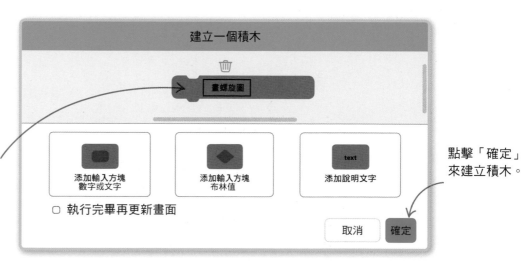

建立一個積木

畫螺旋圖

添加輸入方塊 數字或文字

添加輸入方塊 布林值

text 添加說明文字

☐ 執行完畢再更新畫面

取消　　確定

5 你現在會在程式區看到「定義畫螺旋圖」的起始積木。
將以下程式放在起始積木下面。讀一讀Scratch的積木並
思考這些步驟。先不要執行程式,因為我們還沒放入任
何能驅動新積木的程式。

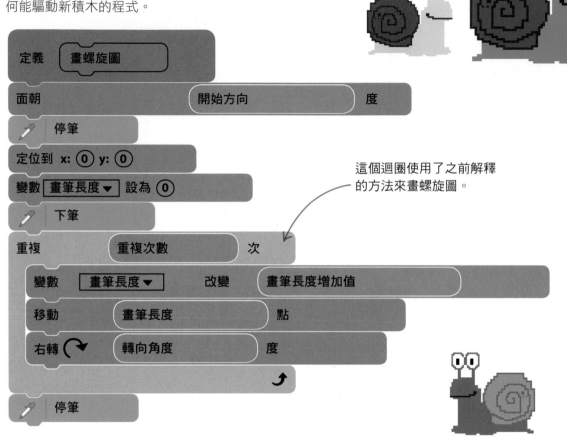

定義   畫螺旋圖

面朝   開始方向   度

停筆

定位到 x: 0 y: 0

變數 畫筆長度▼ 設為 0   這個迴圈使用了之前解釋
                                        的方法來畫螺旋圖。

下筆

重複   重複次數   次

    變數   畫筆長度▼   改變   畫筆長度增加值

    移動   畫筆長度   點

    右轉   轉向角度   度

停筆

6 現在加入主程式,設定變數並觸發
「畫螺旋圖」積木。

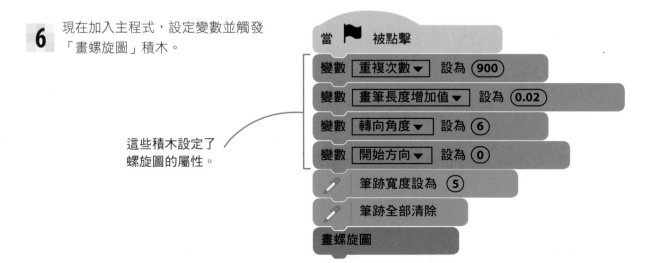

當 ▶ 被點擊

變數 重複次數▼ 設為 900

變數 畫筆長度增加值▼ 設為 0.02

變數 轉向角度▼ 設為 6

這些積木設定了   變數 開始方向▼ 設為 0
螺旋圖的屬性。
                筆跡寬度設為 5

                筆跡全部清除

畫螺旋圖

7 執行這個專案。像右圖一樣的螺旋圖將會出現。整個畫完大約會花30秒。

旋轉的螺旋圖

螺旋圖不停的從新的位置開始畫，就能夠旋轉起來。為了讓旋轉快點發生，你需要用一個特別的技巧讓積木執行得快一點。

8 螺旋圖要畫很久，是因為你每加入一條新線段到螺旋圖上時，整個舞台上的圖都要重新畫一次。你可以設定函式積木，使它執行完才能再重畫螺旋圖。在定義積木上按右鍵，選擇「編輯」就可以做到。

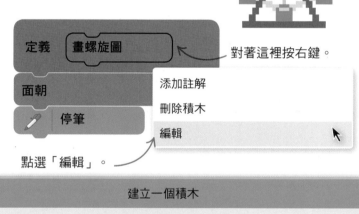

對著這裡按右鍵。

添加註解

刪除積木

編輯

點選「編輯」。

9 現在將「執行完畢再更新畫面」打勾。

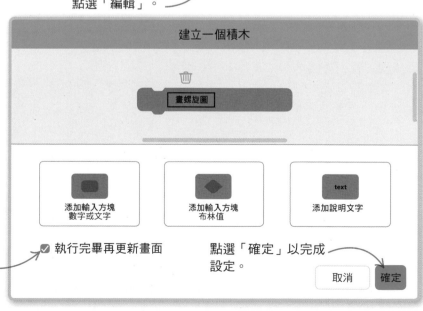

建立一個積木

畫螺旋圖

添加輸入方塊
數字或文字

添加輸入方塊
布林值

添加說明文字

選取這個來加速畫圖。

☑ 執行完畢再更新畫面

點選「確定」以完成設定。

取消　確定

10 現在執行專案，螺旋圖很快就會出現，而你幾乎不會看到畫圖的過程。下一個技巧是讓螺旋圖不停從不同的位置重新畫出，這樣它就會旋轉了。加入一個新變數，命名為「旋轉速度」，不要勾選小方框，並將主程式修改如下。

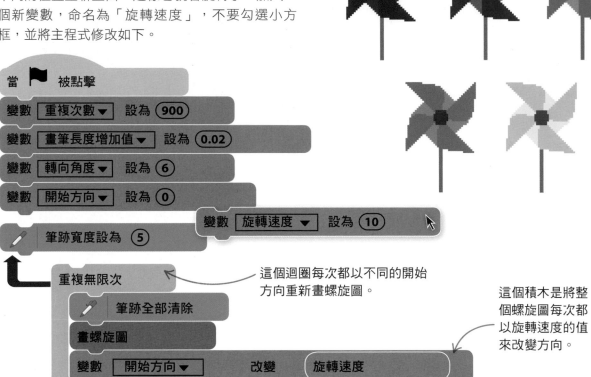

當 🚩 被點擊

變數 重複次數 ▼ 設為 (900)

變數 畫筆長度增加值 ▼ 設為 (0.02)

變數 轉向角度 ▼ 設為 (6)

變數 開始方向 ▼ 設為 (0)

變數 旋轉速度 ▼ 設為 (10)

✏ 筆跡寬度設為 (5)

重複無限次 ← 這個迴圈每次都以不同的開始方向重新畫螺旋圖。

  ✏ 筆跡全部清除

  畫螺旋圖

  變數 開始方向 ▼ 改變 旋轉速度

這個積木是將整個螺旋圖每次都以旋轉速度的值來改變方向。

11 執行專案並觀察螺旋圖旋轉。試著切換到全螢幕模式來產生催眠效果。如果你盯著中心點一段時間，接著移開視線，你可能會一瞬間看到詭異的漣漪。這是一種視錯覺。

點擊這裡，切換成全螢幕模式。

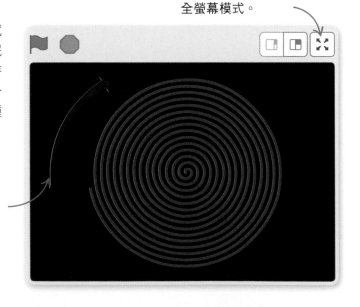

整個螺旋圖以順時針方向旋轉。

自由探索

下一步

練習完整本書之後，你的Scratch知識應該已經夠扎實，足以讓你進入下一個境地了。這裡有一些建議，讓你的程式技能更上層樓，以及告訴你哪裡可以找到創造專案的靈感。

探索Scratch

Scratch的網站 www.scratch.mit.edu 是觀看別人作品和分享自己專案的好地方。

點擊網站上方的「探索」，看看其他創作者分享的專案吧。

Scratch網站上有很多專案。點擊這裡，看看你可以找到什麼好東西。

點擊「創作坊」標籤，看看創作者們在不同主題類別下創造的專案。

所有專案會以Scratch的主要類別進行分類，使用這個選單可將專案分項列出。

點選任一專案來打開它的專案頁面。

△ 專案頁面

每個專案都有一個主頁面，你可以探索和執行它。點選「切換到程式頁面」，就能看到它的程式。如果你想要複製專案和修改它的程式碼，可以點選綠色的「改編」按鈕，就會從原專案產生一個屬於你的新專案。

點擊愛心，表示你喜歡這個專案。

點擊星星，將這個專案加入你的收藏列表。

總觀看次數。

▷ 分享

打開你的專案並點選視窗上方的「分享」按鈕，就可以將你的專案與其他創作者分享。只要你分享了某個專案，之後任何人都可以搜尋到。你也可以看到有多少創作夥伴試過你的專案，以及多少人「收藏」和「喜歡」你的專案。

做出你自己的作品

Scratch是嘗試你的程式靈感的最佳園地。打開一個新專案，看看你的滑鼠會帶你去哪裡。

▽ 塗鴉

Scratch是個可以輕鬆做實驗的工具。只要加入一個你喜歡的角色，像這樣建立一些有趣的程式。或打開畫筆功能，看看你的角色會畫出什麼重複圖案。加入變數和滑桿，讓你立即看到變數改變的效果。

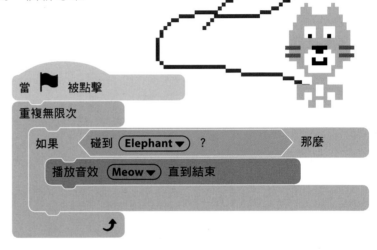

▽ 學習其他程式語言

何不自我延伸，學習其他的程式語言呢？Python 很容易上手，而且你會認得許多在 Scratch 中用過的技巧，像是做決定時會使用「如果……那麼（if then）」，以及用迴圈來重複執行程式。

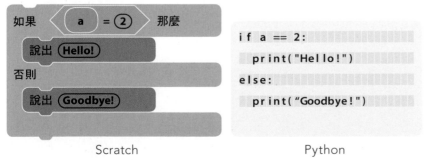

```
if a == 2:
    print("Hello!")
else:
    print("Goodbye!")
```

Scratch　　　　　　　Python

▽ 玩得開心！

寫程式可以非常有趣！與其他人一同合作和分享你的專案，可以讓你寫程式的能力進步。何不加入你的學校或附近圖書館的程式俱樂部呢？或是和一些也喜歡Scratch創作的朋友們組一個程式社團，你們可以一起組一個主題創作坊。

關鍵字小辭典

Python
一種很受歡迎的程式語言，由吉多．范羅蘇姆（Guido van Rossum）發明。Python很適合接在Scratch之後學習。

Scratcher
使用Scratch創作的人。

子程式或次常式（subprogram or subroutine）
執行某特定工作的程式碼，就像是程式裡面的程式。也稱為函式或程序。

介面（interface）
參考「圖形使用者介面」。

分支（branch）
程式中有兩種不同選項時，就會出現分支。例如Scratch的「如果……那麼……否則」積木。

分身（clone）
完整複製了原始角色的功能，但獨立於原始角色，可以移動和執行自己的程式積木。

加速模式（turbo mode）
執行Scratch專案的一種方式，能讓程式執行的速度比正常速度更快。在點擊綠旗時按住shift鍵，你就可以切換加速模式。

布林運算式（Boolean expression）
一個敘述成立或不成立，會引導出兩個可能的結果。Scratch的布林積木是六角形，不是有圓角的。

目錄（directory）
有系統的儲存檔案的地方。

列表（list）
有編號順序的項目集合。

向量圖（vector graphics）
用形狀的集合運算來儲存的電腦繪圖，使它們較容易更改。可與「點陣圖」做比較。

字串（string）
一串字元。字串可以包含數字、字母和符號。

伺服器（server）
可透過網路存取檔案的電腦。

作業系統（OS, operating system）
控制電腦上所有事物的程式，例如 Windows、macOS 或 Linux。

局部變數（local variable）
只能被一個角色改變的變數。每個角色的複製品或分身都有自己的獨立變數版本。

角色（sprite）
在Scratch舞台上的圖片，可以用程式積木移動和改變。

事件（event）
某件能讓電腦有反應的事，例如按下某個按鍵或點擊滑鼠。

函式（function）
執行某特定工作的程式碼，就像是程式裡面的程式。也稱為程序、子程式或次常式。

呼叫（call）
使用函式、程序或子程式。Scratch中的自訂積木會對相同名稱的「定義」積木進行呼叫。

物理學（physics）
研究物體如何移動和影響彼此的科學。物理學在模擬和遊戲時往往很重要，例如創造真實的重力效果。

背包（backpack）
Scratch的儲存區，讓你能在專案之間複製程式或角色。

起始積木（header block）
啟動程式的Scratch積木，例如「當綠旗被點擊」積木。

座標（coordinates）
標示出舞台上精確定位的一對數字，通常以（x, y）來表示。

索引號碼（index number）
一個項目在列表中的號碼。

臭蟲（bug）
程式碼出錯，導致程式執行出現意料之外的結果。

訊息（message）
在角色中傳送資訊的方式。

記憶體（memory）
電腦中，用來儲存資料的電腦晶片。

迴圈（loop）
程式中會自己重複執行的部分，如此一來，一樣的程式就不用反覆寫很多遍。

除蟲／除錯（debug）
尋找和修正程式中的錯誤。

動畫（animation）
快速改變圖片來創造移動的視錯覺。

執行（run）
啟動程式的命令。

專案（project）
Scratch的程式名稱，包含了所有角色、音效和背景。

敘述（statement）
在程式語言中，能被拆解到最小的完整指令。

條件式（condition）
在程式中用來做決定的是非敘述句，有「成立」或「不成立」兩個選項。可參考「布林運算式」。

粒子特效（particle effect）
很多小圖案以規律的方式移動產生出較大的圖案，這種視覺效果稱為粒子特效。在Scratch中，粒子特效通常會使用分身。

造型（costume）
角色在舞台上呈現的樣貌。快速改變角色造型可創造出動畫。

軟體（software）
在電腦上執行的程式，可以控制電腦的運作。

硬體（hardware）
你能看到或摸到的電腦實體部分，例如電線、鍵盤和螢幕。

程式（program）
讓電腦遵循以便完成任務的一串指令。

程式語言（programming language）
用來下指令給電腦的語言。

程式碼（code）
在起始積木下的所有指令積木，會照順序執行。

程式積木（block）
Scratch中的指令，可與其他積木組合建立程式。

程序（procedure）
執行某特定工作的程式碼，就像是程式裡面的程式。也稱為函式、子程式或次常式。

進行（execute）
參考「執行」。

匯入（import）
將某個東西從Scratch外部引入，例如電腦檔案中的一張圖片或一段音效。

匯出（export）
從Scratch傳送東西到電腦，例如將一個角色或整個專案存成電腦檔案。

微調（tweak）
對某件事做出小小的改變，讓它變得更好或不同。

碎形（fractal）
無論你放大或縮小，看起來都一樣的圖案或形狀。例如雲、樹或花椰菜的形狀。

資料（data）
資訊，例如文字、符號或數字。

資料庫（library）
聚集許多角色、造型或音效的地方，可在Scratch程式中使用。

運算子（operator）
使用資料來進行某事的Scratch積木，例如判斷兩個值是不是相等或是將兩個數字相加。

像素（pixels）
螢幕上，用來組成圖形的彩色點點。

像素藝術（pixel art）
由許多像素或積木組成的繪畫，仿效早期電腦遊戲裡的圖形。

圖形（graphics）
螢幕上非文字的視覺元素，例如圖畫、圖示和符號。

圖形使用者介面（GUI, graphical user interface）
程式中你能看見和互動的部分是由一些按鈕和視窗所組成，這些按鈕和視窗的名字就叫做圖形使用者介面。

演算法（algorithm）
一連串執行特定任務的指令。電腦程式是基於演算法而來。

漸層（顏色）（gradient）
從一個顏色逐漸變成另一個顏色，像是日落時美麗的天色變化。

網路（network）
一群能互相串連和交換資料的電腦。網際網路就是一個巨大的網路。

舞台（stage）
Scratch介面中類似螢幕的區域，呈現專案執行的結果。

模擬（simulation）
對事物的真實模仿。例如天氣模擬器可能會重建吹風、下雨或下雪的狀態。

整數（integer）
完整的數字。整數不包含小數點，也不會被寫成分數。

輸入（input）
鍵入電腦的資料。鍵盤、滑鼠和麥克風都可以用來輸入資料。

輸出（output）
用電腦程式產出的資料，且可以被使用者查看。

隨機（random）
電腦程式的一種功能，可以產生無法預測的結果。在創造遊戲時非常好用。

駭客（hack）
對程式進行巧妙的改變，使它做出新反應或簡化它。（在未經允許下侵入電腦，也稱為駭客。）

檔案（file）
用名稱儲存起來的一串資料。

總體變數（global variable）
可被專案中的任何角色改變或使用的變數。

點陣圖（bitmap graphics）
用像素組成的網格來儲存的電腦繪圖。可與「向量圖」做比較。

變數（variable）
儲存資料的地方。這些資料可在程式中改變，如玩家的分數。一個變數會有一個名稱和一個值。

致 謝

感謝所有合作夥伴：卡洛琳・杭特（Caroline Hunt）和史蒂夫・露伊斯（Steph Lewis）負責校對，海倫・彼得斯（Helen Peters）負責編排索引，西恩・羅斯（Sean Ross）協助 Scratch 工作，艾拉・龐蒂爾（Ira Pundeer）協助編輯，尼許旺・拉索爾（Nishwan Rasool）協助圖片搜尋，阿比吉・達塔（Abhijit Dutta）、琵彥卡・夏馬（Priyanka Sharma）和馬克・希拉斯（Mark Silas）負責程式測試，維夏爾・巴蒂亞（Vishal Bhatia）負責出版前置作業。

感謝在這幾年一起參與程式俱樂部的所有夥伴，馬蒂（Matty）和艾咪（Amy）的提問幫助甚多。

Scratch 是由美國麻省理工學院媒體實驗室（MIT Media Lab）的終身學習幼兒園所開發。詳見：http://scratch.mit.edu

知識館 13

Scratch 3.0 程式設計好好玩：
初學者感到安心的步驟式教學，培養邏輯思維，算數、遊戲、畫圖、配樂全都辦得到，英國 DK 出版社最新全球版
Computer Coding Projects for Kids: A unique step-by-step visual guide, from binary code to building games

作　　　者	凱蘿·沃德曼 (Carol Vorderman)、喬恩·伍德考克 (Jon Woodcock)、克雷格·斯蒂爾 (Craig Steele)
譯　　　者	黃鐘瑩
美 術 設 計	翁秋燕
協 力 編 輯	吳欣庭
責 任 編 輯	汪郁潔
國 際 版 權	吳玲緯
行　　　銷	巫維珍　蘇莞婷　黃俊傑
業　　　務	李再星　陳紫晴　陳美燕　馮逸華
副 總 編 輯	巫維珍
編 輯 總 監	劉麗真
總 經 理	陳逸瑛
發 行 人	凃玉雲
出　　　版	小麥田出版

10483 台北市中山區民生東路二段 141 號 5 樓
電話：(02)2500-7696
傳真：(02)2500-1967

發　　　行　英屬蓋曼群島商家庭傳媒股份有限公司
城邦分公司
10483 台北市中山區民生東路二段 141 號 11 樓
網址：http://www.cite.com.tw
客服專線：(02)2500-7718｜2500-7719
24 小時傳真專線：(02)2500-1990｜2500-1991
服務時間：週一至週五 09:30-12:00｜13:30-17:00
劃撥帳號：19863813　戶名：書虫股份有限公司
讀者服務信箱：service@readingclub.com.tw

香港發行所　城邦 (香港) 出版集團有限公司
香港灣仔駱克道 193 號東超商業中心 1/F
電話：+852-2508-6231
傳真：+852-2578-9337

馬新發行所　城邦 (馬新) 出版集團 Cite (M) Sdn Bhd.
41-3, Jalan Radin Anum, Bandar Baru Sri Petaling,
57000 Kuala Lumpur, Malaysia.
電話：+6(03) 9056 3833
傳真：+6(03) 9057 6622
讀者服務信箱：services@cite.my

麥田部落格　http:// ryefield.pixnet.net
初　　　版　2020 年 01 月
售　　　價　450 元
版權所有 翻印必究
ISBN 978-957-8544-19-2

Original Title:
Computer Coding Projects for Kids
copyright ©2016, 2019 Dorling
Kindersley Limited
A Penguin Random House Company
This edition published in 2019
First published in Great Britain in
2016 by Dorling Kindersley Limited
80 Strand, London WC2R ORL
Complex Chinese translation
copyright © 2019 by Rye Field
Publications, a division of Cite
Publishing Ltd.
Printed in China
All Rights Reserved.

國家圖書館出版品預行編目 (CIP) 資料

Scratch 3.0 程式設計好好玩：初學者感到安心的步驟式教學，培養邏輯思維，算數、遊戲、畫圖、配樂全都辦得到，英國 DK 出版社最新全球版 / 凱蘿 . 沃德曼 (Carol Vorderman)，喬恩 . 伍德考克 (Jon Woodcock)，克雷格 . 斯蒂爾 (Craig Steele) 作；黃鐘瑩譯 . -- 初版 . -- 臺北市：小麥田出版：家庭傳媒城邦分公司發行 , 2020.01
面；公分 . -- (小麥田知識館；13)
譯自：Computer coding projects for kids : a unique step-by-step visual guide, from binary code to building games
ISBN 978-957-8544-19-2 (精裝)
1. 電腦教育 2. 電腦遊戲
3. 電腦程式設計 4. 中小學教育
523.38　　　　　108014239

感謝以下提供照片並許可重製的朋友：
第134頁123RF.com: Jacek Chabraszewski (下方)、Dreamstime.com: Pavel (下方背景)；第163頁Corbis:Trizeps Photography/ photocuisine (右上)、NASA (右中)、Science Photo Library: SUSUMU NISHINAGA (右下)；第173頁NOAA (右上)。
其他照片© Dorling Kindersley

DK ｜ Penguin Random House

A WORLD OF IDEAS:
SEE ALL THERE IS TO KNOW

www.dk.com

城邦讀書花園
www.cite.com.tw
書店網址：www.cite.com.tw